特色学校聚焦丛书　丛书主编　杨四耕

做精神富足的教师

张彩萍◎编著

华东师范大学出版社

·上海·

图书在版编目(CIP)数据

做精神富足的教师/张彩萍编著.—上海:华东师范大学出版社,2025.—(特色学校聚焦丛书).
ISBN 978-7-5760-5874-1

Ⅰ.G451.2

中国国家版本馆 CIP 数据核字第 2025SY2574 号

特色学校聚焦丛书

做精神富足的教师

丛书主编　杨四耕
编　　著　张彩萍
责任编辑　刘　佳
项目编辑　林青荻
特约审读　朱丽君
责任校对　王丽平
装帧设计　卢晓红

出版发行　华东师范大学出版社
社　　址　上海市中山北路 3663 号　邮编 200062
网　　址　www.ecnupress.com.cn
电　　话　021-60821666　行政传真 021-62572105
客服电话　021-62865537　门市(邮购)电话 021-62869887
地　　址　上海市中山北路 3663 号华东师范大学校内先锋路口
网　　店　http://hdsdcbs.tmall.com

印 刷 者　浙江临安曙光印务有限公司
开　　本　787 毫米×1092 毫米　1/16
印　　张　15.25
字　　数　155 千字
版　　次　2025 年 6 月第 1 版
印　　次　2025 年 6 月第 1 版
书　　号　ISBN 978-7-5760-5874-1
定　　价　52.00 元

出 版 人　王　焰

(如发现本版图书有印订质量问题,请寄回本社客服中心调换或电话 021-62865537 联系)

编委会

编　著：张彩萍

副主编：范薇薇　张　洁

成　员：王丽丽　赵晓磊　朱思敏　李丽莎

好学校的性格色彩

这些年,我与中小学、幼儿园有许多"亲密接触"。从这些学校中,我发现了一个"秘密":好学校总有自己的性格色彩,总有自己的精神属性。

好学校有丰富的颜色

好学校一年四季都有风景。春天,你走进它,有各色花儿,红的像火,粉的像霞,白的像雪。夏天,你置身其中,绿草茵茵,就算骄阳似火,也有阴凉。孩子们可以踢球、打滚儿,可以任性。秋天,你老远就可以看到,枫叶红了,橘子黄了,婀娜多姿。冬天,你靠近它,香樟绿环绕着你,垂柳枝笼罩着你,你不会觉得单调。当然,环境的价值不在于"装扮",而在于让心灵沉静,让生命多彩。它是生命哲学的演化,是内心深处的讴歌与赞美。法国思想家卢梭说教育的核心是"归于自然"——回归"自然状态",回归人之原始倾向。善良总存在于纯洁的自然之中。好学校总是拥有自然的纯净与原始美,它努力让孩子们与美好相遇。静谧,美好——好学校是温润的。

好学校有足够的成色

成色是衡量一所学校教育境界的一个指标,是一所学校的"育人"含金量。如果一所学校的含金量定位为考试成绩,它的成色就是混浊的;如果一所学校的含金量定位为立德树人,它的成色就是清纯的。黎巴嫩诗人纪伯伦说过:"我们已经走得太远,以至于忘记了为什么而出发。"教育是为着我们不曾拥有的过去,为着我们不曾经历的当下,为着我们不曾想到的未来。教育之原点在激发想象,而不仅仅是学习知识;教育之原点在发展理性,而不仅仅是讲授道理;教育之原点在鼓励崇高,而不仅仅是理解规范;教育之原点在丰富经历,而不仅仅是掌握技艺;教育之原点在温暖心灵,而不仅仅是强化记忆;教育之原点在强健身心,而不仅仅是发展智能;教育之原点在点亮人生,而不仅仅是预知未来。回归原点,是好学校的立场。不功利——好学校是纯粹的。

好学校有优雅的行色

优雅是让人向往的,是来源于生命本身的气质。倘若每一个人都行色匆匆,孩子们被课业压得喘不过气来,教师因成绩比较而形成优劣阵营,这样的学校就不会是一所好学校。什么是好学校?孩子们表情舒展,教师们精神敞亮——每到一所学校,我总喜欢以这样的眼光去观察师生的生命状态。我发现,在好学校,孩子们的脸总是明晃晃的,有美好期待;教师的行色总是从容优雅,有专业自信。女孩子清新可人,男孩子风度翩翩,生命在人性层面焕发出动人光彩。一句话,每一个生命都自然而然地生长,这里有一种难以言说的气息在校园里弥漫开来、传播出去。面对此,我只能说:好学校是舒展的。

好学校有鲜明的特色

办学特色是一所学校整体呈现出来的系统性特征,集中表现在基于学校文化的课程体系。学校办得好不好,不在于规模有多大,而在于特色是否鲜明,是否有足以体现自己文化的课程架构。好学校行走在有逻辑的课程变革之路上,努力让学校课程富有倾听感,关注学生的学习需求;拥有逻辑感,建构严密的而非拼盘的课程体系;嵌入统整感,更多地以整合的方式实施而非简单地做加减法;饱含见识感,以丰富学生的学习经历为取向;提升质地感,课程建设触及课堂教学变革,课堂教学呈现出新的文化样态。一句话,好学校课程目标凸显内在生长,课程内容突出学习需求,课程结构强调系统思维,课程实施张扬生命活性,课程评价与管理彰显主体向度。好学校关注学习方式的多变性和场景性、学习时间的灵活性和可支配性、学习空间的多元性与舒适性、学习资源的丰富性和易得性,让所有的时空都成为课程场景,让孩子们学习作品的形成、展示、发布、分享成为校园里最美的景观,让时空展现出生命成长的气息和灵动。是啊,好学校有生命里最美好的记忆。

好学校有厚重的底色

厚重的底色不在于办学时间有多长,而在于拥有强烈的文化自信。进入学校,我喜欢看墙上的"文字"。多年经验告诉我,文化不在墙上,很多时候,墙上的文字越多,学校的文化含量越低。道理很简单,大量文字堆放在墙上,说明这种文化还没有被老师们普遍认同,更谈不上内化于心、外化于行;说明这种文化还缺乏影响力,还没有被大众广泛接受,需要宣示和传播。一所学校是否拥有自己的教育哲学,是否拥有自己的教育信仰,是它"底色"如何的重要侧面。毫无疑问,好学校应该有自己的教育信仰。但是，教育信仰不是文字游戏，不是专家赐予的东西。信仰是从内心深处生长出来的，是从脚底下走出来的，是从指尖流淌出来的，是慢慢地生长、慢慢地走出来、慢慢地流淌出来的东西。唯有"慢慢地"才能"深深地"，"深深地"才能"牢牢地"，扎下根来，进入我们的灵魂，融入我们的血液，成为我们生命的构成，成为我们前行的力量。文化总是无言或少言，但让人作出判断和选择。好学校，你一走进去，一种向往感、追慕感、浸润感便油然而生。因此，好学校是柔软而有力的。

美国思想家梭罗在《种子的信仰》一书中把好学校比喻为"一方池塘"，每一个孩子在其中如鱼得水，自由自在，这就是"回归自然"的状态。不是吗？好学校总是这样的——温润，纯粹，舒展，美好，柔软而有力，这也是本套丛书聚焦的一批学校的性格色彩。

杨四耕

2023 年 2 月 21 日于上海市教育科学研究院

目 录

第一章　　看得见的真信仰 | 001

于漪老师说："每一节课都在塑造学生的生命。"教师要"目中有人"，尊重学生的个性差异。为此，教师上课应察言观色，眼观六路、耳听八方，深入了解每一个学生，不仅要走进儿童的知识世界，还要走进他们的生活世界和心灵世界。只有知心才能教心，师生生命彼此相遇、相吸、相碰，生命价值彼此挖掘，互相成就，所以教育的开展必须要把生命中的爱全部展现出来，让生命焕发出独特的光彩。

第二章　接近最伟大的心灵 | 029

阅读教育专著,本质就是与伟大的心灵对话。对话是对智识的启迪,真正的对话能够带来思维的重建,让学习者获得精神成长。对话是交往的基本方式,每一位对话的参与者都能心怀他人,从而与自我相关联,因而对话是返回自身、重建自身的一个途径。就过程而言,对话参与者要清晰地表达自己的思想,充分地理解他人的话语,进而催生思维同步,最终达至情感共鸣,接近最伟大的心灵。

第三章　让研究成为专业宣言 | 059

百人百性,每一个孩子都是独特的。对教师而言,面对每一个独特的儿童,他都要拿出最科学合理的方案。千课千样,每一堂课都不一样。对教师而言,面对每一堂课的独特情境,他都要有自己的有效应对方案。因此,教师的工作具有强大的挑战性,需要有强烈的研究意识,更要有付诸实践的能力。让研究成为一种习惯,是我们的专业宣言。教育即研究,旨在积蓄专业力;问题即课题,旨在增强实践力;教师即学者,旨在提升行动力;评价即改进,旨在点燃内驱力,从而让教师获得精神的富足。

第四章　课堂是精神富足的空间 | 089

有人说,真正的富足,是精神的丰盈,生命的价值归根结底需要依靠内心世界的富足而实现,只有精神足够丰富,眼界足够宽广,我们才不会被一时的得失所困扰。教育的意义在于培养精神富足的人,使之内心足够强大,所向披靡,无坚不摧。课堂教学须给予儿童精神的满足,使之拥有从容淡然的力量,而不是把获得好成绩作为唯一的追求。因此,课堂是精神富足的空间,在这里,师生可以享受自己所创造的精神世界,收获真正的富足。

第五章　丰富儿童的精神世界 / 119

教育是服务人的个性全面发展的，人的解放、自由、超越、完善应是教育的核心内涵。教育即解放，教育是自由探索，是精神启蒙，是心灵丰富。灌输和控制不是教育的本义，指示和命令不是教育的内涵。真正的教育一定是心灵的解放和精神的富足，一定是向儿童提供多种多样的、可供选择的价值系统和学习经历，培养他们开放的思想与宽容的品质，培养他们对世界的独立判断与自主选择的能力。

第六章　抒写生命底色的诗意 / 149

德育不是强制和灌输，而是价值引导和审美判断。德育是一幅美丽的画、一曲动听的歌,儿童可以在与这幅画、这首歌相遇时自由地接纳这幅画、这首歌所表达的价值内涵。德育启迪儿童进入真善美的境界,让人性的光辉照耀心灵,使道德价值与规范及其学习活动都成为其改造自身,建设美好人格形象、幸福和诗意人生的惬意工具。德育不仅要求具有形式美,而且要求"美的规律"也应当全面落实在审美性交往关系之中。

第七章　作为美学空间的学校 | 179

学校是一个美学空间,最美的学校是能够最大限度地促进学生自由生长的学校。从空间美学视角看,学校之美可以分为器物之美、制度之美、精神之美三个向度。器物之美,是学校物理空间建设之追求,器物之美在于对特定学生产生美的熏陶,对学生的发展具有积极的作用;制度之美,是学校制度空间建设之追求,制度之美在于为人们提供足够的自由空间,为儿童成长提供和谐美好的规范空间;精神之美,是学校精神空间建设之追求,精神之美在于营造出一种积极健康的精神氛围,引领儿童向着好的方向发展。

前 言

教师的伟大在于精神富足

本书是上海市嘉定区德富路小学"基于全人教育视域下小学教师专业发展共同体建设的行动研究"课题的成果。在此,有必要交代本课题研究的背景与意义,说明我们的研究思路与方法,展示我们的研究成果。

一、研究背景与意义

《中共中央国务院关于全面深化新时代教师队伍建设改革的意见》和教育部等五部门印发的《教师教育振兴行动计划(2018—2022 年)》中强调:教师教育是教育事业的工作母机,是提升教育质量的动力源泉。可见教师角色观念与教学行为的变革已然成为当前教育改革的先导,新时代教育观要超越"知识人"培养,走向"整体人"的培养,建构基于"全人教育"理念的教师角色。

"双新"背景下聚焦学生的核心素养培育,当代学生的个体特质也发生了很大的变化,学生的学习内容趋向于学科统整、跨学科融合,学习方式注重探究性学习和项目化学习。2022 年版课标提出,各门课程用不少于 10% 的课时开展综合性的跨学科主题学习,其他 90% 也要渗透这种精神。因此学习内容与学习方式的变革直接给师生关系带来新挑战。从教师与学生的关系看,教师应该是学生学习和发展的促进者;从教学与课程的关系看,教师应该是课程的建设者和开发者;从教学与研究的关系看,教师应该是教育教学的研究者;从教学与社区的关系看,教师应该是社区型的开放教师。此外教师还须重视对学生情感、态度和价值观的教育。

2022年版课标中新增为教师队伍建设提出的新路径,以"七条建议"指向可持续的教师发展和教研机制的建立以及培训系统的搭建,构建实践导向的学习和研究共同体,合力应对课程改革不断向纵深发展所带来的挑战。引导教师在读书、学习、思考和研讨中,通过对话促进交流,取长补短,不断提升教师的专业素养,全面促进学生核心素养的形成与发展。

综上所述,教育要不忘初心,要看清楚今天、想明白明天,回归教育的根本命题:培养什么人,怎样培养人,为谁培养人。当前的教师专业发展存在对"专业知识和技能"的重复输入,而对教师心理素养、沟通能力、共情能力、思维方式、现场学习力等方面的培育相对缺乏。教师关于"综合素养"的培育处于缺失状态或偏重不平衡,很难达到"全人教育"所需要的"全素养",不利于实现"五育融合"培养目标和聚焦核心素养的育人方式。

因此,课题组认为,有完整生命成长的教师群体才能培养出德智体美劳全面发展的社会主义建设者和接班人。教师专业发展亟待实现从"专业知识"到"综合素养"的"全飞跃"。基于"全人教育"视域建构教师专业发展共同体,实现全素养观的教师培养路径是一项值得探索的行动研究。

在我们看来,"全人教育"指的是对人完整的教育,包括人的智力、体力、情感力、审美力、社会道德与精神特质六个方面的素质,这六个方面完美融合、全面提升。中国学者将这六个方面的素质衍生为思维、知识、精神、人文、发展、追求等六个维度。本课题中"全人教育"是指向"可持续发展"的教育、"全过程"的教育和"完整性"的教育。通过研究建构基于"全人教育"理念的教师角色培育导向,指导教师合理处理知识学习、技能提升、素养培育三者的关系,从而实施对学生人格塑造、素养培养以及追求生命意义的高质量教育,让教师成为"全人教育"的传播者和实践者,努力培养出全面发展的下一代社会主义接班人。教师专业发展共同体是教师以自身专业素养的全面发展为价值取向,通过学习、研究、实践、反思等实现团体价值追求,在共同的文化内涵中形成的团结、和谐、发展的集群关系,让每位教师成为精神富足的教育人。本课题重在建设"内外结合"的专业发展共同体，注重在顶层设计下的新型团队组建和有效行动跟进，力求通过共同体制度、学习交流、评价跟进等建设，以不同功能和类型的专业发展共同体完善新时代师资的培养方式，为国家培养德智体美劳全面发展的社会主义建设者和接班人而努力。

"全人教育"倡导教师一要具有开放的全人教育观，二要具有扎实的教学能力，三要具备广博的知识储备。要实现"全人教育"的目标，关键是教师角色的转变，一是从知识的传授者转变为知识建构的引导者，二是从教学的控制者转变为教学活动的组织者，三是从评价标准的制定者转变为建设性的批判者。

在理论层面，本课题的研究价值在于：一是有利于拓宽教师育人能力研究的理论支撑。近几年来"全人教育"思潮也逐渐为我国学者和教育决策者关注，促进教师的全人发展是教师教育的基本立场。以此回应教育的根本命题：培养什么人，怎样培养人，为谁培养人。二是有利于丰富中小学教师育人能力的时代内涵。课题组在"全人教育"视域下构建指向教师综合育人能力培育的"教师专业发展共同体"建设，以有效策略促进教师从专业能力向综合育人能力的完善与成长，以适应新时代教育之需，推动育人方式纵深发展，顺应新课标的育人理念和课程改革。

在实践层面，本课题的研究意义在于：第一，有利于优化中小学教师培养目标的体系构建及行动指导。基于对"全人教育"内涵的深层理解，探寻其与教师综合育人能力的联结点，探索和实践教师群体性发展的一种新视角，认同和构建培育高质量师资的新思路，构建教师综合育人能力的培养目标与构成要素。第二，有利于提高新时代中小学教师职业素养发展的社会竞争力。为教师专业发展的难点问题、关键问题、瓶颈问题找到突破口，共创教师群体专业成长的最佳行动方案，为核心素养时代育人提供精良师资，并全面提升可持续发展的高质量育人能力。

本课题的关键问题是基于"全人教育"理念的育人维度指导核心素养时代教师的综合育人能力的培育，建构与高质量教育体系相匹配的教育人才培育目标体系，从而开展教师专业发展共同体的建设，以群体发展的教师培养路径，聚焦真实有效的教师专业发展,共创教师专业发展的最佳行动策略,整体提升教师综合育人能力,实现教师的精神富足。本课题的研究难点是:基于新时代高质量教育人才培育目标体系,将实施教师专业发展共同体建设机制的过程,与综合育人的关键要素之间产生有效关联,拟实现"以目标探索共育→以共育共建课堂→以课堂延伸共育→以目标改革评价→以评价验证目标"的闭环效应机制。通过本课题研究,我们探索有校本特色的评价改革,以评价引领推动高质量教师队伍建设,打造具备高水平治理能力的"试验田",实施"双新"时代教师培训新理念。

二、研究目标和框架

本课题研究以"育人能力"为核心展开,旨在探索中小学教师综合"育人能力"的概念内涵、现实表现及其指标要素构成。基于"全人教育"视角,重点探寻中小学教师综合"育人能力"指标体系,有利于建设教师专业发展共同体。以教师群体发展模式提升教师综合"育人能力",以不同功能和类型的发展路径完善新时代师资的培养策略,为高质量教育体系培育全面发展的师资队伍。

本课题研究目标如下:一是分析当前小学教师专业发展中存在的问题,以问题为课题触发点,突破教师专业发展的瓶颈,根据实际情况形成具体的德富路小学教师专业发展调研报告;二是探索建设不同发展共同体的行动路径和特质,在行动研究中重构教师专业发展目标和共同体培养路径,变革教师专业共同体运作模式,让每个教师精准定位,实现人才"蓄水池"的自动蓄能,研究新时代"师师合作"共同体的特质和教师群体发展的策略;三是探索"全人教育"视域下教师发展共同体的评价机制,通过研发评价数据"云平台",用大数据记录教师发展轨迹,为评价机制提供数据支撑,激励教师在不同形式的共同体建设中实现最优发展,为全面育人提供保障。

本课题研究内容包含三个方面:一是当前小学教师专业发展现状调查。以文献梳理、调研访谈、经验判断等透析和掌握目前教师专业发展中存在的痛点和盲点,厘清目前教师专业发展的问题所在,为建设新型有效的发展共同体提出新方向和理论依据。二是小学教师专业发展共同体建设的研究。基于"全人教育"视域建构不同类型和功能的专业发展共同体,尝试构建阅读对话科研共同体、角色互补实践共同体、专业交流学科共同体和全员育人型德育共同体等不同团队建设,推进共同体发展。探索"个体分析→顶层设计→组建团队→行动跟进→反思归纳→循环改进"的有效路径建设。三是探索专业发展共同体评价机制的研究。以学校的"十四五"规划为目标导向,形成有校本特色的评价框架,高度契合《深化新时代教育评价改革总体方案》中的评价要点,并突出师德师风和教学实绩等。围绕学校"五高"教师培养目标,建构教师评价的"新框架",形成教师专业发展共同体评价体系。

在研究推进过程中,我们以行动研究为指导,按照"计划—实施—反思—调整—总结"不断往复的研究流程制定促进"发展共同体"的研究方案,同时综合运用调查、文献、案例、经验总结等方法,协同实施。

本课题研究思路:一是研究探源。以"全人教育"思想作为研究视角的切入点,系统地分析目前教师育人能力培育中出现的问题并剖析其缘由。二是要素关联。根据文献综述,基于"全人教育"视角,探寻综合育人能力的主要构成要素,剖析各要素和"全人教育"理念之间的关键点。三是指标初构。抓住研究的核心,加强顶层设计,完善教师育人指标体系,形成对教师综合育人能力要素的认同。四是策略建设。基于"全人教育"的视角建设教师专业发展共同体,对综合育人能力培育提出有效策略。五是机制运行。基于综合育人能力指标来构建教师专业发展共同体,探寻共同体运行的机制及评价方式。研究路线如图 0-1 所示。

针对本研究的特点,课题组提出了以下研究策略:形成内部策略,立足根本。小学教师应立足于"全人教育"思想的根本,树立正确的育人素养观。明确前提。明确教师以自主学习为前提,注重自身综合素养形成。探寻外部策略"四步闭环":第一,抓住核心。加强顶层设计,构建"全人教育"视角下高质量教育体系的教师综合育人能力的培养目标。第二,把握关键。基于"全人教育"视角积极探索

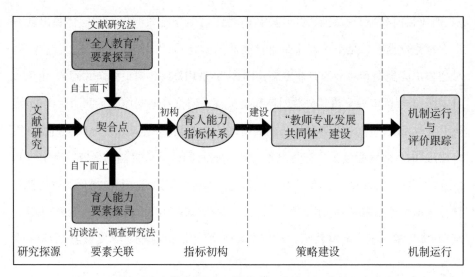

图 0-1　基于"全人教育"视角下教师专业发展共同体的研究路线图

小学教师专业发展共同体协同发展机制。第三,突出重点。优化课堂建设,创设高质量发展体系下注重核心素养的综合学习体验。第四,强化保障。改革评价形式,建立多元化的教师综合评价机制。如图 0-2 所示。

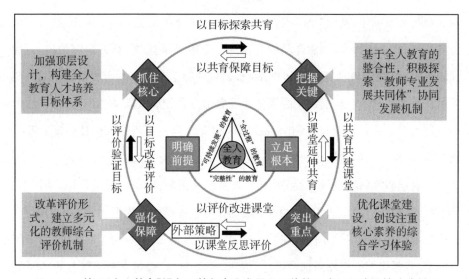

图 0-2　基于"全人教育"视角下教师专业发展共同体的四步闭环建设策略分析图

三、研究成果与结论

本课题在"双新"背景下开展行动研究具有一定的时代价值和重要意义，"全人教育"理念为中小学教师的职业素养培育目标明晰提供了一个有益的视角。

（一）保障教师群体专业成长成为新时代高质量教育体系建设的必要条件

从政策导向到现实需求，新时代高质量教育体系提出：有完整生命成长的教师群体才能培养出德智体美劳全面发展的社会主义建设者和接班人。从理论缺位意识到教师综合育人能力亟待从偏重"专业知识"转向注重"综合素养"。基于"全人教育"视域探索教师综合育人能力构成要素和指标体系，以此指导建构教师专业发展共同体，研究切实有效的教师群体发展策略，以提升教师的综合育人能力，此为应然之举。

1. 政策导向：高质量教育体系下注重教师综合育人能力的政策导向。党的二十大报告高位谋划了全面建设社会主义现代化国家的路径，就建设教育强国、科技强国、人才强国作了重要部署。教师是教育高质量发展的第一资源，是科技自立自强的关键支撑，是人才队伍建设的重要保障。贯彻落实党的二十大精神需要打造新时代高质量教师队伍。党的二十大报告中强调：打造高素质专业化创新型教师队伍是构建高质量教育体系的基础工程。党的十八大以来，教师队伍建设和教师教育发展受到党和国家前所未有的重视，国家先后出台《中共中央国务院关于全面深化新时代教师队伍建设改革的意见》《教师教育振兴行动计划（2018—2022年）》重大政策文件。2022年4月，教育部等八部门联合印发《新时代基础教育强师计划》，注重教师综合育人能力的高质量发展。

2. 现实需求："双新"背景下关注培育教师综合育人能力的现实需求。当前，国内外政治经济形势的发展变化、新技术新产业的变革转型、新业态和新学习方式的诞生等，都在深刻改变着各国的教育制度、教育内容，对教师的道德判断、知识储备、能力素质也带来了新的冲击，提出了新的要求。我们有必要对新时代教师核心素养进行新的思考与定位,制定切实可行的提升新时代中小学教师核心素养的培育方略,以提升教师综合育人能力的培育。"双新"背景下聚焦学生的核心素养培育,由于当代学生的个体特质发生了很大的变化,学生的学习内容趋向于学科统整、跨学科融合,学习方式注重探究性学习和项目化学习。《义务教育课程方案(2022年版)》提出,各门课程用不少于10%的课时开展综合性的跨学科主题学习,其他90%也要渗透这种精神。因此学习内容与学习方式的变革直接给师生关系带来新挑战。从教师与学生的关系看,教师应该是学生学习和发展的促进者;从教学与课程的关系看,教师应该是课程的建设者和开发者;从教学与研究的关系看,教师应该是教育教学的研究者;从教学与社区的关系看,教师应该是社区型的开放教师。教师育人能力以教师基本的认知、理解、思维、沟通等能力为基础,以教师的情感、态度、意志、价值观等内在特质为关键影响因素,是一种综合性能力。

3. 理论缺位:培育教师综合育人能力行动中的理论缺位和目标体系缺乏。《学记》中亦提及"记问之学,不足以为人师"。为人师者,必能在小至认知、情感,大至人生、理想方面给人以启迪引导。蔡元培创"五育并举"以培养"共和国民健全之人格"的育人思想,把人作为整全的生命个体,给予全面的教育。教师"育人能力"不应简单等同于教师教学能力、德育能力,它是一种综合性的教师能力,指向学生的全人发展。在以往的研究中,虽对育人问题有所涉及,但对教师的育人能力缺乏应有的关注。如今,在促进教师专业化发展、倡导"立德树人"的时代,研究者更应关注教师之育人能力。当前的教师能力培养存在"专业知识和技能"的重复输入,而对教师心理素养、沟通能力、专业情意、思维方式、现场学习力等的培养相对缺乏。在过度关注教师教学技能技巧时,容易忽视教师对学生全人发展的关注与培养。因缺乏教师"育人能力"培育的理论支撑,所以对教师综合育人能力培养目标体系的高位设计也相对缺位。2022年版课标中新增为教师队伍建设提出的新路径,以"七条建议"指向可持续的教师发展和教研机制的建立以及培训系统的搭建,构建实践导向的学习和研究共同体,合力应对课程改革不断向纵深发展所带来的挑战。引导教师在读书、学习、思考和研讨中,通过对话促进交流、取长补短,不断提升教师的专业素养,全面促成学生核心素养的形成与发展。

4. 应然之举:"全人教育"理念下弥补出现的教师综合育人能力培育的问题可行。"立德树人"为教育提供了根本导向,亦对教师提出了能力发展要求。教育培育"完整的人"的目的指向呼唤具备综合育人能力之教师。"全人教育"理论家提出了培育全人的教育理论,要求建立高度关注人的生命、高度重视人的潜能、不断推动人的"整全发展"的教育模式,倡导从教育的目的、课程组织、师生观等各个方面革新教育。关于教师育人能力的探讨不同于以往对于教师教学或其他某种单一能力的探讨,而直接指向教师能力的综合体现以及学生的全人发展。故此,选择"全人教育"理论作为教师育人能力探讨的理论基础,非常契合高质量教育体系的理想追求,即教师育人是以培育"整全的人"为目的,教师育人能力必然指向成就"整全之人"的教师能力。"全人教育"理论为教师育人能力研究提供外在规约与理想引领,应然之举就是要以"全人教育"思想指导建设指向教师综合育人能力培育的成长联合体。

(二) 形成基于"全人教育"视角建设教师专业发展共同体的有效策略

精准建立导向性的内部策略,主要是立足根本、明确前提,奠定理论基础。同时有效建构四步闭环的外部策略,主要包括抓住核心、把握关键、突出重点、强化保障,循证行动研究的价值。内外策略并行,形成有效闭环。

1. 立足根本,树立正确的育人素养观。小学教师应立足于"全人教育"思想的根本,树立正确的育人素养观,即培育教师的综合育人能力。教师综合育人能力在多元化"教育场域"中呈现,表现于真实、复杂而具体的育人情境之中,彰显出教师的教育实践智慧与行为能力。根据文献综述,厘定教师综合育人能力指标的要素及培养目标,其构成主要分为四个维度,即基础性、情境性、示范性和激励性,和"全人教育"提出的"六个方面"的素养息息相关。做好关于这些核心要素的分析,以此作为理论基础来指导教师专业发展共同体建设策略的有效形成。教师综合育人能力是指在多元、复杂、具体的"教育场域"中采取适当行动,以教师基本的认知、理解、思维、沟通等能力为基础,有效引导学生理想信念、思想认识、社会认知、个性品质、心理健康、审美意识、素养能力等各方面全面发展所具备和呈现出的个性心理品质,是一种趋于育人目标实现的综合性实践能力。

具体来说,基础性育人能力主要涉及教师所具备的支持育人实践的基本能力、前提性能力,即教师开展育人活动必需的能力准备,一般包括育人认知能力、共情理解能力、沟通交流能力。情境性育人能力主要涉及教师在具体的育人情境中通过师生之间的交互以及与教育场域中各个要素的交互,不断采取行动以达成育人目标的动态化育人能力。具体包括育人情境创设能力、育人方式运用能力和育人反馈调控能力。示范性育人能力主要指教师以自身言行为学生做出良好榜样示范从而影响学生认知、情感、态度等方面发展的能力,主要体现在理想价值引领能力、道德品质潜质能力、学识学养影响能力等方面。激励性育人能力是指教师通过多种途径激励学生,调动学生发展的积极主动性与自主性的行为能力,主要包括精神情感激励能力与技巧策略激励能力。

2. 明确前提,注重提升综合育人素养导向。我国的全面发展是指人的体力、智力的发展,具体来说就是指人在德智体美劳各方面的和谐发展。我国要培养德智体美劳全面发展的人,其实与小原国芳的全人教育思想有相当多的共性。在新形势下,培养全面发展的人体现在教学中就是全面实施素质教育,开发学生智力,提高学生的创新精神和实践能力,使学生的潜能得到充分发挥。这要求教师关注每一位学生知识的获取、智慧的增长、品德的养成和人格的培养。教师要注重知识结构的优化、社会实践的丰富、能力培养的强化,要着力提高学生的学习能力、实践能力及创新能力,要教学生学会知识技能、生活技能、生存技能,学会动手动脑,学会做人做事。此外,教师全面发展是教师自我发展的必然需要。教师实施教育的对象是成长中的儿童、青少年,他们的发展过程不是整齐划一的。他们有思想、有个性、有感情,是教育活动的主体。因此,教师作为知识的传播者、智慧的启迪者、情操的陶冶者,要把学生培养成才,仅依赖专业知识是不够的。总之,要适应教育改革发展的需要,教师必须提高自身的综合素质。

3. 抓住核心,加强目标顶层设计。在嘉定教育打造"有质量、有温度、充满创新活力"的品质教育理念下,德富路小学坚持教师是第一资源的理念,为学校新五年的发展谋求更广阔的提升空间。在学校生态文化中,德富路小学致力于造就一支"五高"教师队伍:师德高尚、能力高强、境界高远、学识高深、言行高雅。围绕"五高"教师培养目标精细设计教师专业成长路径,以德富全素养"5＋1"工程助推不同层次的教师找到符合自身的发展轨迹。"5"即提升教师与时俱进的知识力、突围创新的思考力、深度学习的领导力、数字运用的胜任力和自我导向的学习力。"1"指在新质量时代培养教师的质量评价能力。全素养"5＋1"工程以完善教师综合育人能力的培育为目标,关注教师的思维、知识、精神、人文、发展、追求等6个维度。通过研究建构基于"全人教育"理念的教师角色培育导向,指导教师合理处理知识学习、技能提升、素养培育三者的关系,从而实施对学生人格塑造、素养培养以及追求生命意义的高质量教育,让教师成为"全人教育"的传播者和实践者。总之,在成事中成人,将集群发展和个体发展相融合,打造一支能面向未来教育、具有全素养的教师队伍,以"全人"胜任育"完整人"的新时代教育要求。

4. 把握关键,形成集群协同发展的机制与培养路径。基于"全人教育"视域建构专业发展共同体,以达成对教师思维、知识、精神、人文、发展、追求等多维度的全面突围,来完善教师的综合育人能力培育,从而营造合作与交流、互动与对话、行动与反省、慎思与审辨的共同体文化,让教师成为"全人教育"的传播者和实践者。

基于"全人教育"素养维度,在行动研究中重构教师专业发展目标和共同体培养路径,从不同维度变革教师专业共同体运作模式,让每个教师精准定位,实现人才"蓄水池"的自动蓄能,研究新时代"师师合作"共同体的特质和群团发展的路径,完善教师专业协同发展机制,提升综合育人能力。本课题在实践过程中有效聚焦不同共同体特有的组织文化、运作模式及构建成效,最终指向"全人教育"视角下教师综合育人能力的全面提升,实现教师的精神富足。主要的路径如下:一是构建多元对话型阅读共同体,激活互动与对话的学习空间;二是构建角色互补型科研共同体,盘活行动与研究的发展空间;三是构建专业交流型学科共同体,拓展合作与交流的思维空间;四是构建全员育人型德育共同体,融合灵动立体的育人空间;五是构建传承融合型文化共同体,营造慎思与审辨的精神空间。

5. 突出重点,优化综合育人能力培育的机制。基于新时代高质量教育人才培育目标体系,将实施教师专业发展共同体建设机制的过程,与综合育人的关键要素之间产生有效关联,拟实现"以目标探索共育→以共育共建课堂→以课堂延伸共育→以目标改革评价→以评价验证目标"的闭环效应机制。具体说来,在教师专业发展的过程中通过优化培育机制,创设注重核心素养的综合学习体验,在教师专业发展培育中提倡"教、研、训"融合推进,在研、教、训一体化进程中用创新教师评价来串联关键要素的形成与实施,从而培育小学教师的"现场学习力",激发小学教师育人的生命活力。课题负责人撰写的《培育小学教师的"现场学习力":评价何为?》获得了由上海教师教育学院举办的 2023 年"评价铸就未来教师征文"基础教育教师评价主题征文一等奖。学校也在 2023 年被评为嘉定区"十四五"教师专业发展基地学校暨见习教师规范化培训基地,我们在基地培养项目中也不断优化综合育人能力的机制建设。

6. 强化保障,建立多元评价机制。基于学校"十四五"发展规划的教师培养目标,建构教师评价的"新框架",即"德富同行者"教师专业发展年度评价指标。将评级指标进行分项目的细化,通过打造教师专业发展云平台,重新梳理评价教师的思维框架,基于钉钉生态下宜搭平台功能打造"德富同行者"教师专业发展平台。学校开发的云平台系统解决了学校在教师发展进程中遭遇的信息收集难、资料审核协同难、材料查询保存难、考核过程耗时久等棘手问题。此外,云平台系统可以通过权限配置授权不同人员上传不同类别的教师成果、教师培训等过程性收获数据,还可以通过平台模块解析,从学历层次、学科背景、专业分布等形成教师画像,完成不同数据的采集,再形成团队画像、集体画像。大数据呈现为教师专业发展的多元解析、优化改进、精准定位、差异发展提供了有力保障。

综上所述,我们在课题研究中有效完成了四步闭环的外部策略建设研究探索。闭环第一步,抓住核心,在目标顶层设计下以学校的"十四五"规划为目标导向,基于新规划的教师培养目标,建构教师评价的"新框架",即"德富同行者"教师专业发展年度评价指标。闭环第二步,把握关键,有效形成了协同发展机制与五大培养路径。闭环第三步,突出重点,优化综合育人能力培育的机制。闭环第四步,强化保障,建立多元评价机制。具备外部策略的教师综合育人目标导向和素养观确立,课题组通过四步闭环的内部策略建设,有效构建了"全人教育"视角下高质量教育体系的教师综合育人能力的培养目标,在不同类型的共同体建设中体现了不同的培育功能,也有效形成了各类共同体的组织文化、运行模式,达到了课题预期的成果。这样的集群发展模式和教师专业发展培养路径有一定的辐射和推广价值。

(三)形成基于"全人教育"视角建设教师专业发展共同体的研究结论

回顾三年多研究历程,课题组全体成员共同努力,完成了本课题预期设定的研究目标、研究思路和研究策略,验证了"研究探源—要素关联—指标初构—策略建设—机制运行"的研究思路可行,在探寻不同共同体的组织文化和推进路径中有效形成了策略,同时也形成了本课题的相关研究结论。

第一,提高了"双新"背景下教师培育学生创新素养的胜任力。"双新"背景下聚焦学生的核心素养培育,由于当代学生的个体特质发生了很大的变化,学生的学习内容趋向于学科统整、跨学科融合,学习方式注重探究性学习和项目化学习。2022 年版课标中新增为教师队伍建设提出的新路径,以"七条建议"指向可持续的教师发展和教研机制的建立以及培训系统的搭建,构建实践导向的学习和研究共同体,合力应对课程改革不断向纵深发展所带来的挑战。因此本课题研究引导教师不断提升自身专业素养,全面促成学生核心素养的形成与发展。在课堂教学中以全面育人的素养观激发学生的想象力、创造力,促进思维的多向拓展,让学生在综合多元的学习体验中深入探索、激发创意,提升创造力和思维品质。因此本课题的研究过程提高了教师培育学生创新素养的胜任力,"整全"的教师是培养全面发展的学生的第一生产力。阅读共同体、学科共同体就是培育胜任力的最好例证。

第二，促进了教师综合育人导向下跨界生长的素养融合力。课题研究中对教师专业发展共同体建构的不同路径探索，为教师的专业发展提供了"为有源头活水来"的多空间和多途径，"引进来""走出去"，不断跨越学科、跨越学习领域、跨越空间地域，延伸素养提升的触角到各"界"，无限拓展教师的知识广度、深度和融合度，指向综合育人的跨界生长。如此，在发展愿景和集体智慧中跨越个体发展的局限性，不断优化集群发展路径的深度关联和思维优化，犹如"催化剂"，让教师的专业发展产生"化学反应"，促进了综合育人能力导向下跨界生长的融合力，创造出更有价值的共同体。科研共同体、德育共同体就是跨界生长最好的例证。

第三，提升了教师集群式发展的协作共享和深度学习能力。学生的深度学习建立在教师的深度引导上，深度教学是一种理想的教育理念和教学形态，因此深度学习能力对于促进教师专业成长，促进师生协同共生、教学相长，促进课堂转型具有一定的价值。在课题研究中，指向综合育人能力的培养目标是让教师跳出对教育的静态概念认知和固有的知识传递，不断积累对生活情境中实践能力的培育，实现解决真实问题的能力提升，塑造教师可持续学习的能力。教师和学生的相处模式也更加多元立体，也可以成为"学习共同体"，促进深度学习能力的"无边界"发展。因此，教师需要通过集群发展模式来提升协作共享的合作能力，在合作共享中成就自己成为"全人"。文化共同体、学科共同体、科研共同体是协作共享最好的例证。

第四，形成了教师自我导向的专业成长阶梯与现场学习力。本课题基于"全人教育"的视角建设教师专业发展共同体，对综合育人能力培育提出有效策略。同时，基于综合育人能力指标来构建教师专业发展共同体，探寻共同体运行的机制及评价方式。因此，在课题研究中形成了教师自我导向的专业成长阶梯，在不同的共同体活动推进中帮助教师精准定位自我发展，同时调整自我高阶发展的策略和方向。用新评价方式帮助教师不断建立新的育人观、知识观、素养观、数字观和与专业人员、学科专家的跨界学习、互动交流的能力。通过建立"教育现场"，在专业阅读、公开教学、听课评课、主题教研、课题研究、德育活动中为教师注入全面发展的动力源。教师的"现场学习力"是教师的意志、态度、价值和立场构成的一种专业意识形式,这种意识形式通过教师的生活经历以及交往关系体现在教师个人的行动中,并且通过具体的学习途径而达成某种学习效果。一个教师如果能够在自我教学现场、他人教学现场(如各种公开课、研究课、示范课和观摩课等)、日常教研现场(如教研组、备课组内教研活动等)、跨校经验交流现场,以及讲座、报告与培训等各种"教育现场"中有高度的专注力和思维力,就一定能够有广阔的发展前景。我们建构的阅读共同体、学科共同体、科研共同体、德育共同体和文化共同体就是教师专业成长最好的全素养"教育现场"。

教师的伟大就在于精神富足,愿每一个教育工作者都能成为精神富足的人,努力培养精神富足的下一代!

第一章

看得见的真信仰

于漪老师说:"每一节课都在塑造学生的生命。"教师要"目中有人",尊重学生的个性差异。为此,教师上课应察言观色,眼观六路、耳听八方,深入了解每一个学生,不仅要走进儿童的知识世界,还要走进他们的生活世界和心灵世界。只有知心才能教心,师生生命彼此相遇、相吸、相碰,生命价值彼此挖掘,互相成就,所以教育的开展必须要把生命中的爱全部展现出来,让生命焕发出独特的光彩。

建校以来,学校坚持把师德师风建设放在首位,通过建构"德馨"文化共同体,寻找我们看得见的真信仰,着力培养一支师德高尚、能力高强、境界高远、学识高深、言行高雅的"五高"教师队伍。"德馨"文化共同体以"弘扬于漪精神 潜心教书育人"为主题,就教师师德师风中的热点问题引发正向思考和正能量行动,倡导全体教师潜心育人,给每一颗心灵温暖与力量,激励教师努力做到目中有人、心有灵犀、永远"保鲜"。

一、 目中有人,点燃求知欲望

于漪老师认为"每一节课都在塑造学生的生命"。她一刻不敢懈怠,因为每一节课都会影响学生的生命质量。在知识的传授和能力的培养中,融入情感和价值观,培养他们学会学习,懂得怎样求知,这是一种立体思维。教师应"激情似火,点燃学生求知欲望",教课一定要教到学生的心中,这就需要教师努力做到"目中有人"。

第一,有教无类,教好每一个学生。在《岁月如歌》中,于老师有这样的心理描述:"初当教师时,我对两类学生不由自主地十分喜爱,一类是反应敏捷、非常聪明的(我讲上句,他已能回答下句),教起来十分省力;另一类是长得很可爱,像洋娃娃一样。后来才明白,天工造物十分奇妙,人都是两道眉毛、两只眼睛、一个鼻子、一张嘴,在脸上也都是那样排列的,但一个人一个样,即使是孪生兄弟姐妹,也会有点差异。每个学生都有自己的独特性,不要说长相,他们的禀赋、性格、文化基础、兴趣爱好等都有所不同,因而,教师必须热爱每一个学生。每个学生的生命都值得尊重,都需要关心。"于老师倡导"以人为本"的学生发展观,因此,做到"目中有人"就是要尊重学生的差异,注重学生的个性。

在学校目前推行的全员导师行动中,我们注重导师和学生的双向选择和个性匹配,就是为了让每一个导师都能做到"目中有人"。学生之间的差异是客观存在的,我们通过全员导师行动引导青年教师深切地明白这个道理。在此基础上,遇到学习困难的、调皮捣蛋的学生,教师们就不会再埋怨,而且对待那些因各种原因暂时落后的孩子会更加贴心和暖心。一年来,在全员导师行动中涌现的"知心大姐姐"和"暖心大哥哥"更多了。很多年轻教师虽然没有太多做班主任的经验,但是在成为学生的"导师"后,在关心、联系、开导和陪伴学生的过程中,迅速提升了师德能力。在多次全员导师行动的经验分享会上,学校管理层欣喜地看到了青年教师们更新了对教师角色的定位,也真正践行了人人都是德育工作者的育人理念。

第二,察言观色,关注每一个学生。教师上课要像于老师那样注重察言观色,眼观六路、耳听八方,观察每个学生的学习情况,因此备课要十分全面细致。教师要深入了解每一个学生,不仅走进学生的知识世界,还要走进他们的生活世界和心灵世界。只有知心才能教心,师生彼此之间的相遇、吸引、碰撞、欣赏、影响,是彼此挖掘双方自我生命价值以及互相成就的美妙过程,两者的生命在这一过程中都是鲜活而有价值的。必须要把教师和学生双方生命中的爱和亮点全部展现出来,使教师和学生都焕发出自己独有的美丽光彩。

在自媒体时代,我们通过打造钉钉班级圈,建立了属于自己班级的生活圈。老师需要察言观色,研究学生的心灵世界,对于学生喜欢什么、对什么感兴趣,老师都要去了解。老师与学生有共同语言,方能逐步地引导他们向前,决不能高高在上,失去教育引导学生的基础。我们在钉钉班级圈开展"幸福清单"打卡行动,以此分享每一天的班级趣闻、好人好事,这种零距离的相处让老师和学生更懂对方,既能提升师德感染力,又让老师能够关注每一个学生。

积极心理学家提出,关注积极的事情能够激发积极的情绪体验,每天记录三件"好事"可以显著提升人的幸福感,因此,我们发起定制一份"幸福清单"活动:每天回想学习生活中的"小确幸",用画笔和文字记录点滴生活,因为笔尖的色彩也可以生动表达内心的情感。"幸福清单"打卡共包含三个阶段,每一个阶段历时 7 天,共 21 天。孩子们和心理老师、"心心导师"一起从身边的小事开始记录,观察自己的生活,以写日记或快乐手账本的形式定时在打卡群内和伙伴们分享每日"小确幸":妈妈制作的美食、和好朋友通话、作业被评优秀、春天的花开了……每个阶段结束之后,师生做一次小总结,分享彼此的想法和感受,用心体验快乐与美好。

二、 大象无形,增强磁力效应

"为了让学生对课堂生活产生持久的魅力,教师应对生活有执着的追求,在课堂中倾注自己的爱……课堂生活其实就是师生间的心的沟通、情的交流。教师不达到与学生心心相印的程度,是教不好学生的。"于老师的这一番肺腑之言,让我们深切体会到,教学艺术看似高深莫测,实则归结到一个关键点,就是师生之间的心心相印。它能够营造出"磁力"效应,让师生在情感、思想、知识、思维等层面都自然地融合,构成心与心之间的多向交流。关于这一点,作为基层教师如何去理解和实践呢?

"大象无形"是于老师追求的崇高境界,核心思想归结为五个字:人、爱、美、导、心。这五字思想具体指的是:直面于"人"、植根于"爱"、发轫于"美"、着力于"导"和作用于"心"。她倡导把以"教"为主的课堂教学立足点转变为以"学"为主,即"教"为"学"服务,一切从"学"出发,又以"学"为归宿;把直线型的课堂教学结构转变为网络式结构,即把教师与学生的单向型的联系转变为教师与学生、学生与学生、学生与教师的多向型联系,使课堂真正成为学生锻炼听、说、读、写能力与发展智力的场所。因此,于老师的所有教学艺术、教学手段都是瞄准"心"而来,为着一个"塑人先塑心"的伟大目标而来。于老师的教学能够"粘"住学生,"粘"的不只是注意力,还有"心灵"。这种教学境界正是在于老师不断叩问自己"我一辈子的课,有多少是上在黑板上的,有多少是教到学生心中的"的过程中成就的。

学校每年10月举办一届教学节,激励每一个教师在教学研究中凸显自己的育人之道。第九届教学节聚焦三个关键词:变(激活深度学习);炼(点燃精彩课堂);研(变现专业价值),在"教研升维"中探索新情境、新变化、新价值。第十届教学节聚焦作业,用DIY智慧打开"作业黑箱",为学生定制私人作业。所有的主题都聚焦到一个大主题,就是如何与时俱进,做新时代的"智师""慧师""能师""导师""良师"。针对教学五环节的个性化行动是爱的流动和涌动,更是对"五项管理""双减"政策下"师者,传道、授业、解惑也"的重新定义,也回应了于老师的"全方位育人",让教师们在学科育人中找到了自己的身影。

三、 牧放生命,保持新鲜姿态

"新鲜"是不断生长的状态,就像太阳每天都是新的,而唯有"创造"才能让每一天变得新鲜。有人听过于老师整整一年的课,发现她上课从不讲重复内容,因为课文虽然一样,但面对的学生总有不同,她总会认真备课。对普通教师而言,创造就在于每一天、每一节课,而深度学习为教师价值保鲜。

"时代的活水要在课堂上流淌",教师要注重结合时势特点,从身边吸取教学资源。要把课堂当作传播知识促进学生整体成长的广阔天地,打开四面窗户,引进八方来风,把大量的知识信息带入课堂,根据学生的年龄特征、知识水平和理解能力,补充大量课外有鲜明时代特色的知识,使教学的整个过程充盈时代的活水,激发起学生内在的持续不断地探索知识宝库的求知欲。新鲜应该来自"有趣的灵魂"。教育是为了美好而生,教师就是美的使者,用"有趣的灵魂"去牧放孩子的自由生命。会保鲜的教师,岁月流金,生命常青。

学校每学期会举行"书界会"读书宴,组织教师们深度阅读,研读热门著作,如聚焦作业设计,细嚼项目化学习,感受为了自由呼吸的教育,探寻学习的进化,破解内卷……学校通过构建书界会阅读共同体，蓄势储能提升教师专业自信，锻造与凝练高品质的师德师风。教师们阅读之后的深度分享会就是对思维的保鲜，每一场分享都让教师们永葆知识的先进和思想的敏锐，让"有趣的灵魂"保鲜。所有在"书界会"上分享的读书精华会定期收录在我们的知识产物《德馨物语》校刊中，充盈思维的新鲜度。

四、锤炼师德，端正价值态度

第一观，**宣传教育观**，坚定理想信念铸师魂。做好对教育部制定的《教师职业行为十项准则》《中小学教师违反职业道德行为处理办法（2018年修订）》《中小学教育惩戒规则（试行）》及本区下发的《嘉定区教育系统教师师德师风负面清单》《嘉定区教育系统工作人员"八小时以外"行为监督管理规定》及师德师风建设相关文件精神的宣传解读，帮助教师全面理解和深刻把握新时代教师职业行为要求，进一步增强教师自身的责任感、使命感、荣誉感。学期初由党支部召集全体教师开展师德师风专项行动研讨会，会上由德育、教学、党支部三个部门汇报前一阶段工作中存在的得与失，让老师从班主任角色、导师角色、普通教师角色交流如何提高师德风范水平。

第二观，**调研自查观**，坚守职业规范正师道。对照师德负面清单和巡检反馈问题，拟定学校师德师风专项问卷，全面调研梳理汇总学校师德师风建设方面存在的突出问题。教师要为学生扣好人生的第一粒扣子，就必须扣好、扣正教师自己的第一粒扣子。对于一个平均年龄低于35岁的年轻教师群体，我们力求通过调研来确诊把脉，找到其薄弱点和高压点。为了做到防微杜渐，远离失范，教师的自我保护意识有待加强。调研的过程既是查摆问题，更是教育警示，同时也是对症下药。调研之后，学校通过党员谈心、谈话等方式将问题消除在萌芽状态，及时规避可能出现的师德问题。

第三观，**抓实制度观**，坚持奖惩分明振师风。研究制定师德师风建设的重点任务和工作项目。努力构建多主体、多层次的师德评价体系,依托全员导师制、家委会等师生沟通、家校沟通的有效途径,畅通反馈。落实师德第一标准,充分发挥师德考核对教师行为的约束引导作用。实行师德负面清单,划定师德"红线"。成立师德师风专项工作小组,对于查实的师德违规行为,依据《嘉定区教师职业道德违规处理办法》等有关文件进行严肃查处,做好备案审批,形成管理闭环。

第四观,宣扬典型观,坚定价值认同提师德。组织开展"德富明星教师""师德标兵"等评选表彰活动,努力形成崇尚模范、争做标兵、见贤思齐的良好舆论环境和育人氛围。将获得区师德标兵、区优秀德育工作者、本区十佳班主任的教师事迹进行主题宣讲。本学期还组织开展"我身边的'四有好教师'""我和于漪老师的故事"主题案例征集活动,努力让教师们明晰师德建设不只是强调底线约束,更为重要的是树起道德高线。学期结束,完成本届"德富明星教师"的评选工作,并于教师节开展表彰和人物事迹宣传。

第五观,总结提炼观,坚持长效机制强师能。根据本年度师德师风建设情况,制定下阶段工作改进措施,构建师德师风建设长效机制。用好"三把尺",把握三个度,塑造师德"正能量"的新风范。第一把标尺:认清现实,对标别人,评价自我,见贤思齐,0度成长。在教研组内部查找教学上的问题,用标尺来衡量的目的就在于教学是有度量衡的,对于该做到什么尺度要有标准。第二把戒尺:行为合规,坚守底线,奖惩分明,仁者爱人,90度行事。在全体教师中倡导反思哪些行为是戒尺不能触碰的底线,90度是直角,意味着弯下身来做德育工作。第三把卷尺:张弛有度,能屈能伸,坚守初心,圆融处事,360度成长。在干部内部查找工作上不圆融、处事不够完善体面的地方,360度就是要培养干部有容乃大、处事应基于大格局。

心中要有一盏明灯,教育就是点燃生命之光,学校近年来在师德师风建设行动中不断弘扬于漪老师的为人、为师、为学之道,取得了良好的阶段学习效应。"德富同行者"将坚持不懈做到目中有人、心有灵犀、永远"保鲜"。让我们一辈子做老师,一辈子学做老师,让"德馨"文化共同体成为一群有真信仰的教育人的追求！

（撰稿者：上海市嘉定区德富路小学　张彩萍）

观点透视

敦厚的师德底色

在最近的一次主题为"师德修炼"的党员工作室活动中，全体党员重温了教育家精神的内核，具体有六个方面，即心有大我、至诚报国的理想信念，言为士则、行为世范的道德情操，启智润心、因材施教的育人智慧，勤学笃行、求是创新的躬耕态度，乐教爱生、甘于奉献的仁爱之心，胸怀天下、以文化人的弘道追求。活动中党员教师们一同观看了人民教育家于漪老师对教育家精神解读的感人视频。随后党员们一起积极分享学习体会，大家娓娓道来，结合教育教学工作讲述着自己对教育家精神的理解。听着其他党员的分享，我不禁陷入了沉思，这是一种怎样的精神呢？恰有一首诗歌告诉了我答案：

它是精神之树，

厚植心有大我、至诚报国的泥土；

它是精神之火，

燃续言为士则、行为世范的精魄；

它是精神之帆，

徜徉启智润心、因材施教的浩瀚；

它是精神之瓦，

筑建勤学笃行、求是创新的天宇；

它是精神之灯，

照亮乐教爱生、甘于奉献的道路；

它是精神之歌，

唱响胸怀天下、以文化人的旋律；

它就是中国教育家精神的伟大力量！

作为一名青年党员教师，我应该如何成为一名具有教育家精神的教师呢？我想了很久，也许需要在我的师德境界中增加一层底色，把这种精神植入我的"工作基因"。

一、 植入一种精神，是伟大的理想信念

第一，脚踏实地育人，筑牢崇高信念。"树中华教师魂，立民族教育根"是于老师终生的奋斗目标和精神追求，她将"一切为民族"深深地镌刻在了心中。报国，不是一句简单的口号，而是需要教师树立远大的理想信念和目标，脚踏实地地律己育人，将教育的生命之光播撒在民族复兴的路上。因此，我认为教育家精神不是需要在某个特定的地方瞻仰，而是应该撒播在校园的每个角落，成为校园生活的一部分。

心怀大我是一种大格局、大抱负，将小我融入大我，教育生命就永不会干涸。教师要把小我的奋斗目标与民族复兴的伟大目标结合起来，带头践行社会主义核心价值观，将爱国主义和奋斗精神融入实际的育人行动。作为一名青年教师党员，我努力学习理论知识，牢固树立中国特色社会主义理想信念、终身学习理念和改革创新意识，用习近平新时代中国特色社会主义思想武装头脑、指导实践、推动工作，认真做好学习摘录，撰写学习体会，并在党员活动中做交流分享。有了这些理想精神食粮的滋养，我的眼中便多了一份坚定。教育家精神应该化为校园中的空气、水和草木，植入教师师德的第一页，属于每一位教师。

第二，锤炼品德修为，彰显榜样力量。良好的师德师风是新时代教师的基本素养，教师要以德立身、以德立学、以德施教，坚持教书和育人相统一，坚持言传和

身教相统一，坚持潜心问道和关注社会相统一，坚持学术自由和学术规范相统一。学校每年会举办"深入仁馨"明星教师评选活动，在学生、老师和家长民主推荐和师德考核后，我有幸获得了明星教师提名奖的荣誉。虽未成为真正的明星教师，但我想自己离"深入人心"的教师更近一步了。我会更加严格要求自己，端正言行，修养仁德，培养学生良好的品德和行为习惯，引导学生树立正确的人生观和价值观。教师良好的道德情操会潜移默化地影响着每一个学生，彰显出榜样的力量，就像于老师那样，言传身教，用生命去滋养生命，用生命去丰富生命。

二、 植入一种精神，是可贵的育人智慧

第一，知心才能教心，尊重个性与差异。教育，就是一面镜子，看清过去、照出现在、映射将来，放大他的独一无二，缩小他的千篇一律，让他看见 special me（特别的我），让他成为 better me（更好的我）。教育家精神中蕴含的理想信念、道德情操、躬耕态度、仁爱之心、弘道追求与我们每一个教师都息息相关，应该是新时代教师共享的精神底蕴和道德底色。在平凡的三尺讲台上，我们要"以文化人"，把人类创造的知识和文明化到学生的生命中，化出理想的时代新人。立德树人，启迪每一个学生的智慧，净化每一个学生的心灵，让他们有道德的成长；因材施教，尊重每一个学生的差异，挖掘每一个学生的特长，让他们有不同的成长。

在学校目前推行的全员导师行动中，我成为一名光荣的"心心导师"，面对学生我不再只是记住每一个学生的姓名，还主动了解他们的性格特点、兴趣爱好，在沟通理解上多下功夫，努力发现每个学生心中那根"独特的琴弦"，真正地做到"目中有人"。此外，我还了解了每个学生的特长和需求，为他们进行"私人定制"，形成他们独一无二的可行性成长路径，让他们都有自己的发展空间和发展可能，绽放独特的精彩，真正地做到"精准施策"。在因材施教上，于老师有一句名言："知心才能教心。"教师不仅要把握学生年龄段的特点，更要走近学生的身旁、走进学生的心里，用爱与智慧建立起师生之间的信任，激扬每个生命的自我觉醒。

第二，躬耕立标笃行，实现可持续发展。"躬耕教坛，强国有我"，这是无数教师回应时代呼唤的呐喊。躬耕态度，既是一种职业精神，也是教师成长的不二法门，我们要向着"教育家精神"的标杆直跑，不断提升自己的专业能力，有扎实的学识，有过硬的教学素养。正如于老师所说："做老师最可怕的就是安于现状，卓越教师成长的根本在于生命的高度觉醒。"

作为一名英语教师，我善于学习，结合时代发展要求，强化纳新意识，学习和掌握学科前沿知识，想学善学，积蓄学习力，将课程标准的理念和要求落实到教学设计与课堂实施中。但一个好的教师不是天生的，好的教育也不是凭空而来的。为了迎接新课程标准带来的新挑战，我积极参加区"双名"工作室活动，勇于实践，遵循学科教学理念，突出任务意识，在实践中寻找生长点和突破口，敢想敢做，增强实践力，对教材内容进行科学、合理的重组或取舍，实施精准教学。在十年的教育教学积累和经验之下，我变成了一名乐于创新和勤于研究的教师，树立问题意识，培养创新思维，巧思善思，提升创新力，并且围绕教学关键问题，依托理论指导开展课例研究，精研细研，强化研究力，在持续的反思性实践中实现自身专业的可持续发展。

三、植入一种精神，是执着的弘道追求

第一，无私仁爱奉献，双向奔赴希望。有一种爱超越了亲子之爱，那就是为师的大爱。每个学生都是国家未来的希望，也是家庭的希望，就像于老师所说的："我的学生不一定是最优秀的，但他们都是家庭的宝贝、国家的宝贝，我当教师，要把他们当宝贝一样来教育。"作为教师，我要勤修仁爱之心，用大爱为学生点亮心中不灭的那束光，用大德为学生传播正确的人生价值观，用大情怀为学生厚植一个伟大的中国梦。

有一种仁爱体现了无私奉献，那就是为师献身教育事业的信仰。我选择了当一名人民教师，就选择了平凡、责任与奉献。教师虽清贫且艰辛，但收获的是精神

上的富足和心灵上的丰盈。每次下课后，总有几个学生跑上前，他们要么和我聊几句发生的趣事，把可爱的脸贴在我的书本上，要么轻轻地搂着我说，"朱老师，我好喜欢你啊"。学生的举动让短暂的几分钟变得温暖而又美好，我想这就是教师和学生的双向奔赴，教师的心中有爱，学生的眼里有光。

第二，树立文化自信，传道授业解惑。中华优秀传统文化源远流长、博大精深，为坚持胸怀天下提供了丰厚的精神文化滋养。作为新时代的教师，要有海纳百川的胸怀，用深邃的视野和广阔的眼光去培育学生。择高处立，跳出"小我"，跳出学科的局限，从国家、从社会系统整体地观察与思考，点燃智慧之光，就像于老师用诗一般的文字描述的那样："一颗狭小的心有浩浩荡荡的学子、有多情的土地、有伟大的祖国，胸怀就会无限宽广，无处不是学习的机会，无处没有智慧的闪光。"

除了坚持胸怀天下，教师更要担起"传道"的责任和使命，作为一名英语教师，我始终坚持在英语教育教学中渗透中国文化故事、传播中国教育经验、发出中国教育最强音，用中华优秀传统文化培根铸魂，坚定文化自信和教育自信，不断将自己的知识与能力、情感与人格转化为学生心灵的丰盈和智慧的启迪，提升学生对中华文化的认同感和自豪感，使优秀的中国文化永恒传承。

近日，我又收到了党员工作室新下发的一本书《于漪知行录》，我迫不及待地打开，细细品读字里行间的含义，思考字里行间外的用意。教育家精神，应该是敦厚的师德底色，是师德的舍我境界，亦是追求、使命。做一名有教育家精神的教师，追逐光，成为光，散发光，在平凡的教师岗位上"素其位而行"，争当下而逐浪起舞。

（撰稿者：上海市嘉定区德富路小学　朱叶）

实践偶得

传递幸福的力量

六月的夏风带走了花香,带不走我们之间数不清的回忆。我随手翻开手机中的照片库,那里静静地躺着我与 15 位学生的珍贵时光。每张照片都是一个故事,每个故事都承载着深情。我指着那些定格的画面,向我尚在幼儿园的小儿子细细讲述。我告诉他,这位是小月月,她总是带着天真无邪的笑容,像解语花一样来到我身边,分享班级里发生的趣味盎然的故事。还有小宇,他在课堂上时常走神,让我颇感头疼,但在劳动时,他的积极态度让人刮目相看,他的热情如同夏日的阳光,照亮了教室的每一个角落……儿子问我:"他们也是你的孩子吗?"我微笑着说:"他们都是妈妈的好孩子!"话音刚落,我发现自己内心既温暖又幸福。

学校在德宝幸福节活动中,举行了主题为"聆听花开的声音"的全员导师启动仪式,那天我荣幸地成为学校第一批全员导师团队中的一员。学校德育工作部通过全员导师制,让每一个教师更好地贯彻全员育人、全过程育人、全方位育人的现代教育理念。在师生双向选择后,我与 15 位学生建立了导师结对关系。于是,除了身为数学老师,我还将以"导师"的身份关注、陪伴学生们健康快乐地成长,努力帮助他们成为德富"五有"好少年。有了导师的身份,我多了一些走进学生内心的机会,也对教书匠多了新的认识与思考。

一、 导师的以身作则:让修养看得见

教书育人,我始终相信良好的师生关系是实施素质教育的基础。"亲其师,才能信其道",教师只有本着尊重、爱护、信任和理解学生的原则,才能与学生建立起

亲密、信任的师生关系。常言道,什么样的教师教出什么样的学生,教师日常的举止仪态都对学生起着潜移默化的作用。

在初次接触这些学生时,我向班主任和任课老师们请教经验。我还翻阅了学校的各项活动比赛获奖纪录,希望能在最短的时间内更全面地了解学生。通过家访,我更深入地了解到学生的成长环境,与家长们讨论学生的性格、爱好、特点,努力寻找每个学生成长的"金钥匙"。

在基本了解学生情况后,我开始尝试与他们建立信任关系。课间我会加入他们的游戏,偶尔还和学生们聊上几句,主动与他们一起拾起游戏中产生的垃圾。有时我会站在走廊上,和眺望远方的学生聊两句。午餐时我会去看看谁是大胃王,谁在挑食。这半个月里,我了解了他们的喜好,也看到了他们身上的优点与不足。闲暇时间,我总是尝试回忆我小时候的一些想法和行为,努力成为他们的真正"朋友"和"知心人"。成为导师后,我有更多时间和精力关注学生的内心想法,当学生犯错时,我能从"说教式"的教育转变为"谈心式"的教育,学生们的进步极大。慢慢地,学生们开始围着我,抱着我的胳膊撒娇,我意识到了他们渐渐把我当成了大朋友。我有时发现他们会主动为同伴捡起那张掉落在地上的卷子并且擦干净,这是在以往几乎看不到的场景,可能这就是榜样的力量。

作为导师,我们需要从小事做起,做出示范,注重自身修养和道德品质,学生也会在潜移默化中体会到真善美。

二、 导师的嘘寒问暖:让关爱接地气

人文关怀是学生自身发展的现实需要,加强人文关怀和心理疏导是实践科学发展观、构建和谐校园的具体体现。科学发展观的核心在于以人为本,而以人为本不应仅仅停留在纸面上,更要注重对人本身的关心。教师在教学工作中要注重人文关怀,尊重学生的个性,激发他们成材的内在需求。

线上教学期间,我们面临着前所未有的挑战。在这样不确定的环境中,家长、

教师和学生都感受到了巨大的压力和焦虑。在我负责的班上,有两位性格内向的学生,他们的母亲是辛勤的医护人员,而爸爸虽然在家远程工作,但除了处理家庭事务,还要照顾更年幼的孩子,这使得他们的工作量远超平时,因此,他们对孩子的关注度不可避免地减少了,往往只能在晚上查看孩子的作业并上传。了解到这一情况后,作为导师的我决定采取行动以减轻家长们的压力。首先,我主动与家长沟通,告诉他们不必急于上传作业,我会在收到后及时批改,并提醒学生进行必要的订正。其次,我还鼓励学生在遇到难题时随时通过视频与我联系,我会利用桌面共享功能为他们详细讲解。我也请求家长们在家中鼓励学生多与老师交流。最后,我表达了希望,如果学生因为线上教学的理解不够深入而遇到了困难,希望爸爸们能够耐心地辅导孩子。两位父亲对我的理解和支持感到非常欣慰,他们不再因为迟上传作业而感到愧疚,也不必担心没有时间帮助孩子学习。这种信任的建立源于我对学生在家中遭遇困难的共情能力,以及我站在家长角度做出的决策。

令人欣慰的是,这两位学生并没有因为母亲的暂时缺席而在学业上有所退步。相反,他们在家中也承担了一些家务,有时还会辅导弟弟妹妹的学习。他们从被动接受监管转变为主动自我管理,这种转变让我为他们感到骄傲。在这段特殊的教育时期,通过家校的紧密互动,我不仅了解了学生的学习情况,还向 15 个家庭传达了学校和老师们的关心与祝福,这无疑给学生们和家长们带来了极大的鼓舞。

导师可以通过在线沟通、上门家访、放学面对面等多样化的指导方式,基于学生的问题倾听家长心声,商议研讨达成基本共识,以此来提升家校共育效能,为学生提供暖心服务。

三、 导师的共情陪伴:让学习更主动

在这个具有个性化的时代,学生的发展需求也是多种多样的。在学生的日常

学习中,学校提供了"阅读节""科技节""体育节""艺术节"四大主题教育活动,结合"幸福亲子团"等途径创造性地开展了丰富多彩的社会实践活动。在活动中,培养学生学会独立思考和分析问题,形成自己的见解以应对未来的挑战和机遇。作为导师,我在活动中做好组织工作,更重要的是陪伴学生共同成长。

随着劳动节的临近,我策划了一项名为"家务劳动小能手"的活动,鼓励学生们在家里尝试自己擅长的家务活。孩子们各显神通,有的简单地学习十字叠袜子、巧系丝带,有的则挑战更高难度的美食鉴赏。其中,让我印象深刻的是小 A 同学。他不会做饭,但想在劳动节为父母准备一桌美味佳肴。面对他的请求,我建议他不必急于一时,可以先从简单的沙拉做起,我愿意协助他查找相关资料。听到这话,小 A 愁眉不展的脸上顿时绽放出笑容,我们一起坐在电脑前,认真查阅制作沙拉所需的食材。劳动教育的意义不仅在于让学生们体会到父母的辛劳,更在于让他们感受到服务他人、带给他人快乐的喜悦。最宝贵的是,学生们从眼高手低转变为脚踏实地,通过完成一项项小任务,锻炼自己的能力与技能,培养实践和解决问题的能力。

为了应对未来的挑战,学生之间的合作至关重要。作为教师,培养学生的领导力也是我们的责任。今年学校数学周活动中,我和组内教师一起研读新课程标准后,设计了以"对称之美"为主题的跨学科作业,赢得了学生们的喜爱。在分组合作时,我尊重学生的选择,既有兴趣相投的同学组成一组,也有互补型的同学携手合作。在民主推荐的基础上,我充分肯定他们选出的小组长,并在活动过程中给予适当指导,帮助他们更好地发挥领导才能,培养领导力。

以导师的身份组织各类活动可以激发学生更大的学习兴趣,让他们参与活动的积极性和主动性都得以提升,同时还培养了学生动脑、动手和交流沟通等能力,让学生受益匪浅,而我也越来越受到学生的信任和崇拜。

四、导师的爱心传递：让成长更幸福

"蒲公英，它生命力强盛，勇敢坚韧，有适合它生存的地方，它就在那里发芽生长。"因为有梦想，蒲公英才会落叶生根。梦想不是梦，不能只靠想，而是需要心怀不放弃的精神，勇敢执着地走下去。

在我任教的岁月里，我时常会向学生们提起小贝，她的名字在我心中就像是一个教育者的骄傲。小贝不仅被老师们视为理想的学生典型，在同学心中也是无可争议的领袖人物，更是其他家长口中令人羡慕的"模范孩子"。无论是在上学路上背诵钢琴谱，还是在舞蹈练习中一次次跌倒后重新站起，她的不懈努力和坚持都让人印象深刻。她强大的自我控制力、独立能力以及坚不可摧的性格，无疑将为她未来的道路铺就坚实的基石，帮助她实现更加辉煌的成就。

随着毕业季的临近，导师们也开始忙碌起来，为孩子们准备着毕业礼物和充满惊喜的盲盒。每一份礼物，每一个盲盒，都是我作为导师对学生的殷切祝福，更是对学生们未来的美好期待。通过小贝的故事，我想传达给所有学生一个信息：无论你们的梦想是什么，无论你们的目标多么遥远，只要你们拥有坚定的意志，不断努力，总有一天，你们也可以像小贝一样，实现自己的梦想，成就自己的未来。

随着学生的长大，教师更多关注教学方面，师生情变得越来越含蓄。作为导师，我有机会去关注每一位孩子的内心想法，我觉得是一件幸福的事情。在一届又一届学生的来来往往中，师生情都变成了我记忆中最宝贵的一部分。而我突然发现，学生也正是我的人生导师，是他们告诉我坚守教育的信念，是他们让我懂得了知难而上，也是他们让我获得了成就与自信，互为导师的成长很幸福！

愿"德富同行者"的每一位导师都能以自己的智慧光芒，点亮学生的理想火花，愿我们的导师行动硕果累累，让爱的力量在我们之间永传递⋯⋯

（撰稿者：上海市嘉定区德富路小学　徐靖宜）

现场纪实

满足一次特殊的请求

一、 一位墙角处的观望者：我可以挑战吗？

"刘老师,谢谢您的耐心,让我学会了体操动作,喜欢上体育课,祝您节日快乐!"教师节早上,我来到办公室,发现桌子上有一张卡片,打开一看上面的字符映入眼帘。虽然卡片上没有名字,但我可肯定卡片是小杰同学送我的。

记忆的指针指向了 2023 年 6 月的一节体育课,当时我在教授体操跳上成跪撑—跪跳下动作,这是新授内容,还有一定挑战性,同学们都跃跃欲试。布置好场地后,我让学生排队轮流挑战练习,前面的同学在我的帮助保护之下都顺利地跳了过去,他们时而手舞足蹈地交流着自己动作,时而挥手跳跃为其他伙伴呐喊助威。

可能是被同学们的兴奋所感染,这时站在墙角处观望的小杰走了过来。小杰是我教授班级的一位学生,他比同龄的学生要肥胖一些。从运动能力来看,其核心力量薄弱,腿部力量尚可,能够顺利完成跑、蹦、跳等基本动作,但动作比较松散、缓慢,精准度不够,尤其是手脚协调完成某种动作时尤为困难。小杰从小就失去了听力,由于父母都是哑巴,他一直生活在无声的家庭里。特殊的家庭背景和残疾情况,让该生在课堂当中怯于表达和展示,自信心不足。而在平时的活动中,小杰反应速度较一般学生慢,一般这种情况下他都会选择知难而退,自己"自由活动"。

"刘老师,我可以挑战一下吗?"他凑近我的身边红着脸低声问着。其实我的内心是忐忑的,因为小杰的父母告诉我,小杰运动能力有限,尽量不参与体育课上所有的运动。况且跳上成跪撑—跪跳下动作是有难度的体操动作,它需要较强的腰腹力量,这导致学生容易从跳箱上跌落下来,充满危险,这对超重的小杰来说就更难做到了。此时很多学生在排队等着练习,他们叫嚷着小杰同学快点跳。我望着小杰那红彤彤的小脸和渴望的眼神,我的心软了下来……

二、 从观望者成为尝试者:你可以保护老师吗?

首先,小杰来做老师的"保护伞"。"当然可以了,来,你去对面助跑踏跳,刘老师来给你做好保护。"得到我的回应后,小杰高兴地跑到对面,通过助跑踏跳流畅自然地跳上跳箱,这下他更满怀信心地挑战跪跳下的动作。他在起跳时由于腰腹力量薄弱,没能快速提膝收腿,导致脚被跳箱挂住,还好我眼疾手快迅速托住了他,这才没让他跌落下来。但这一幕被其他学生看到,甚至个别学生还发出笑声,并说着"小胖子起飞失败"。小杰同学涨红了脸,眼睛里也闪烁着泪花。我立刻制止了同学们的嬉笑,同时迅速转动大脑,思考如何安抚小杰同学打破这个窘境。

于是我停顿了一下,说道:刚才小杰同学由于没有用力蹬跳箱做到快速提膝收腿,导致起跳不高,脚被跳箱挂住,因此刘老师再做一次示范大家看看,加深大家对快速提膝收腿的理解,老师想请小杰同学在旁边做一下帮助与保护。在小杰同学专业一般的保护下,我顺利完成动作示范,同学们都不约而同地鼓掌说:"老师的动作真标准,漂亮。"我这时趁机做了个提问:"同学们,你们知道刘老师刚才在做动作时是怎么想的吗?"同学们七嘴八舌地讨论起来。我拉着小杰同学的手说:"其实老师跟你们一样,一开始在跳的时候内心也是有点儿害怕,但是小杰同学的保护与帮助给了我足够的安全感,让我信心十足地做跪跳下动作,我要感谢小杰同学,我们也要给他一点掌声。"这时同学们也齐刷刷地给小杰同学鼓掌,打破了之前的窘境。很快下课铃声响起,同学们通过练习基本都掌握了跪跳下动作,兴高采烈地满载而归。

其次,特殊的课后"个训"。我把耷拉着头红着脸的小杰留了下来,我知道自尊心强烈的他这次肯定很难过。由于小杰父母多次强调小杰不能正常参与体育活动,这种"保护"打击了小杰的自信心和运动热情,致使小杰在体育课堂上没有参与度和积极性。所以我首先表扬他的保护与帮助的动作到位,为他给予同伴的帮助点赞,增强他继续学习的信心,然后告诉他放学后指导他动作练习。小杰听了我的话低着头说:"老师,我太笨了,还胖,肯定学不会的。"我向小杰说:"老师会通过专业辅助练习,保证让你向其他同学一样标准流畅地做完整个动作,你相信老师、相信自己能做到吗?"这时小杰抬起头,点了点头。

放学后他背着书包蹦跳着跑了过来。由于"特殊的照顾"在一定程度上让小杰远离课堂,长久以来我并不了解小杰的身体素质、运动能力。我首先针对他的腿部和腰腹力量薄弱点进行体能练习,然后一步一步地引导他做跪跳下的动作,接着利用瑜伽球提高他的平衡感。从一开始他跳下来跌落在我的怀里,到后来在我的辅助下勉强落在垫上,花了三天时间。这三天里小杰和我都按时练习,在空荡的体育馆里只有"加油""再来一次""用力蹬地"的声音回荡着。闷热的体育馆内散发着阵阵汗味,穿过窗台的阳光照射在小杰黝黑的脸上,他的脸红得发烫。

经历了一次次的失败后,当小杰第一次脱离我的帮助与保护自己顺利跳起并稳稳落在地垫上时,我们俩都欢呼了起来,有一种如释重负的感觉。夕阳照在他红彤彤的小脸上,他眼角处闪烁着晶莹剔透的水珠,一时间不知道是喜极而泣的眼泪,还是大汗淋漓的汗水,小杰同学终于掌握了跪跳下的动作。无巧不成书,第二天学校正好有特教学科的教学随访,于是我决定让小杰同学先隐藏学会的本领,然后在课上给大家一个惊喜。在我的精心安排下,小杰在这节课上收获了雷鸣般的掌声,那些在课堂上嘲笑过他的同学也为他竖起大拇指,这时小杰激动的脸再次红了起来。

三、 由尝试者成为成功者：特别生可变身为普通生吗？

课下的一次次张开双臂用力起跳，一次次平稳落地练习，只为课堂上一次展示。小杰在课堂上平稳落地时，全班顿时响起了一阵雷鸣般的掌声，同学们迅速包围了他，为他送上最真挚的拥抱和祝贺，部分学生不由自主地喊着"小杰你真棒"。这是一种让人热泪盈眶的场面，也是让人为之雀跃的场面。正当我为自己刚刚做出的一点努力而换取学生的重大进步而欣喜时，小杰同学缓缓走到了我的身边，将他稚嫩的脸庞凑过来，跳起来给我一个拥抱，在我耳边留下一缕最美妙的声音："谢谢你，刘老师！"顿时，仿佛一股电流击中我的内心，望着他那红彤彤的小脸，我的脸也红了起来，这句话让我既感动又羞愧不已。

在这节课后，我给小杰的家长发了信息，对小杰的运动能力和顽强拼搏精神进行表扬，让小杰的妈妈对小杰进行鼓励。通过家校沟通，小杰获得了积极向上的家庭生活环境，长期说他不行的妈妈开始鼓励他，这对小杰的心灵来说是一次洗涤，让小杰更加自信、主动地参与后面的体育课堂。"见习生"小杰由一名"特别"学生变成普通学生，他愿意跟同学们一起挑战，在课堂中也和其他同学一起玩耍，他脸上有了更多的笑容，也变得更加自信了。

四、 从教学者到反思者：师爱如光，如何做到不放弃任何一个呢？

首先，这是一节失败的课。由于小杰是一名特殊的学生，从体操课开始我就在心里默认他参加不了。而且他的妈妈也叮嘱过他不参加体育运动，所以，与其冒风险还不如让他安全地在旁边见习，我的这一自私想法变成了"特殊的保护"，让我没有倾听孩子的内心真实想法。虽然课上我按教学要求教授内容，将集体学练、小组学练与个人学练有机结合，激发学生的学习热情，在如何帮助学生掌握技能方面下功夫，但忽视了特殊学生的特殊需求，没有尊重学生的主体地位。这种行为与2022年版课标"从以知识与技能为本"向"以学生发展为本的转变"的要求存在差距。

其次,这也是一节成功的课。虽然在课上有突发情况,但是我从容淡定地处理好,并且保护了小杰同学的自信心。小杰同学的坚持打动和感染了我,课后我趁热打铁地给小杰同学教授了跳上成跪撑—跪跳下的动作,在体能方面也给他做了铺垫,让小杰同学不但知其然,还知其所以然。

此外,在课堂中,小杰同学主动要求展示出现失误后,我扬长避短针对体操中的帮助与保护环节让小杰进行了展示,不但帮助小杰挽回面子,还针对其他学生进行了德育教育。这让学生明白体操是一项充满危险的运动,没有帮助与保护就会出现伤害,相对于技能学习这是无法弥补的损失,在一定程度上培养了学生互帮互助的良好品质。最后通过两节课的展示,小杰同学变得自信了,他通过努力让老师和同学都对他刮目相看,更让长期保护他的妈妈、老师改变了想法。他也给我上了生动的一课,让我明白自己作为体育教师的真正育人内涵,因此,小杰的灿烂笑容是我教学路上的一个重要符号。

再次,以体育人,学生为本。体育课程要培养学生的核心素养,要帮助学生逐步形成正确的价值观、必备品格和关键能力,包括运动能力、健康行为、体育品德等方面。这就要求教师在课堂上尊重学生主体地位,关注学生的个体差异,针对不同身体条件、运动基础和兴趣爱好的学生因材施教,在落实学、练、赛中要采用多元、多维、多样的评价体系。作为一线教师,我们在课堂上一定要转变教学理念,注重教学方式的改革,由"以知识技能为本"向"以学生发展为本"转变。

小杰同学的一次"特殊请求",让我上了一节生动的课,更重要的是这是我教学生涯中一次特殊的转变,让我更加自信地面对每一个孩子,明白他们是独立的不同个体。作为新时代的体育教师,我们要让每一个个体的生命自由绽放。

(撰稿者:上海市嘉定区德富路小学　刘德洋)

人物镜像

生命立标与精神笃行

育人先育己。我一辈子走的是同学生一起成长的路,在教育学生的同时首先教育自己。一辈子做老师,一辈子学做老师。

——人民教育家 于漪

这世上,有一条路不能选择,那就是放弃的路;有一条路不能拒绝,那就是成长的路。新时代要有新作为,每个教师都是一种色彩,都是"不一样的烟火",都要做好人生这道选择题。看到于漪老师这句"一辈子做老师,一辈子学做老师",施韶萍老师心生涟漪。在即将退休的日子里,作为一名坚守教育岗位 37 年、党龄 20 年的普通教师,她的生命也因为朴实无华的教育生涯而有了那一团"不一样的烟火"。如今,在施韶萍老师即将退休的日子里,她感恩教师这份职业,让她以自身的修为、精神的丰盈、内在的气度和高尚的师德,成为我们德富教师师德的楷模和党员的标兵。祈愿每一个"德富同行者"都能以"全人教育"的理念来书写自己的大爱无疆,像施老师一样坚守自己的生命立标与精神笃行。

自从 1987 年踏上教师工作岗位以来,施老师在教育这片沃土上已辛勤耕耘了一辈子。或许,施老师觉得自己就是一个普普通通的人,教了那么多年的语文,也做了那么多年的班主任,日复一日,年复一年,没有惊天动地的故事。然而风遇见了云,有了雨;花遇见了阳光,有了甜蜜。在学生和同事们的眼中,她俨然是一个有故事的人物,而与施老师的相遇相知,就是"德富同行者"教育春天的盛宴。

一、立标：立师德的标杆

第一，面对任务，从不拒绝。2017 年 9 月，施老师响应区内流动号召，从城中路小学来到了德富路小学。她接手了一个特殊的班级，看着教室里如脱缰野马似的孩子，一盘散沙似的班级，还有课堂上那迷茫的眼神，施老师的心揪得很紧。但是在孩子们心中，他们觉得施老师是超人，是无所不能的。他们不知道，施老师在接手这个班级前刚刚做了一次手术，加上年龄大了，又是刚流动到德富路小学，她完全可以申请不做班主任。但施老师没有，而是欣然扛下这份重任。其实，这正是施老师一贯的工作风格，她的人格魅力深深感染学生，所带过的班级学风、班风都如三月暖阳照耀着每一个孩子，深受家长的赞誉。

那个新接班的学期刚开学，她就带着学生主动承担了区内庆祝少先队建队 68 周年活动中的拉歌环节任务。日日陪练，时时鼓励，紧接着，她又指导学生参加体育训练，在校运动会中为班级争光。在关注班集体发展的同时，她特别注重捕捉教育契机，引导孩子去发现"真善美"，用一个红苹果教会孩子分享，用一块小蛋糕让孩子懂得感恩的真谛，用一个灿烂的微笑让孩子心中装满了爱。

第二，主动请缨，毫无怨言。毕业班的学生毕业了，施老师又主动接任新的一年级。施老师的课堂永远都是那么吸引人，她将语文学习融入学生的生活，指导学生用身体去感知，用心灵去倾听。对学习上有困难的孩子，施老师从不着急，总能找到最适合的方法教会他们。"没有一朵鲜花不美丽，也没有一个学生不可爱"，施老师喜欢这句话，也一直在这样做。

她还把对教育的热爱带给身边的每一个人。身为年级组长的她带领大家有条不紊地开展各项工作，在自己工作量满负荷的情况下主动代课。在她的影响下，年级组的老师如家人般关怀着彼此，展现着教育人的高尚风采。也许，就是施老师那么一个普通的人，承载起了"博雅、睿智、淡泊、亲和"的嘉定教师队伍的形象。她所做的事不是轰轰烈烈的，但她把这份普通的工作做得那么好，把爱带给身边的每一个人,恰是一份伟大的普通。她的一言一行就如标杆,为年轻教师树起了师德的高标准。

二、笃行：立修身的品格

第一,静待花开,建立信任。教育是"慢"的艺术,十年树木,百年树人。育人要像施老师那样付出耐心,耐心地告诉孩子们,耐心地看他们遵守,耐心地告诉他们错误,耐心地看他们改进,缺一不可。在引导孩子的过程中,要像施老师那样循循善诱,不厌其烦地给学生讲道理。同时要懂得促进孩子的进步,让每个孩子在信任中成长,静待花开。

在教学过程中,学生都渴望得到教师的特别关注。听了施老师的故事,带教徒弟们在日常的语文教学评价环节中也学习她的方法,让学生从教师的评价中产生"被重视"的心理感受,从而提升学习效率。有个青年教师在上二年级语文第一学期《称赞》一课时,一向内向的小蔡大胆举手发言:"刺猬的称赞是发自内心的,他给了小獾信心,使小獾的板凳做得越来越好。"小蔡的回答并没有特别出彩的地方,却是她鼓起勇气的尝试,是对自我的突破。老师真心地评价道:"讲得太对了!就像教师节你写给老师的话让我特别欣慰一样,刺猬的称赞也让小獾消除了疲劳。"这样的鼓励性评价让小蔡觉得虽然自己平时不爱言语,但老师一直很重视自己,哪怕是教师节写在贺卡上的一句祝福,老师也牢牢记在心里。于是,在之后的学习中,小蔡表现得特别积极,听得也格外认真,而且长久保持这样的状态。

第二,润物无声,笃行修品。徒弟们说,施老师将语文学习融入学生的日常生活,指导学生用身体去感知,用心灵去倾听。施老师从不着急,对学习上有困难的孩子总能找到最适合的方法教会他们,这种润物细无声的学习引导方法令青年教师们深深感佩。

记得有一次开学之初,施老师班转来一名学生,施老师在和家长沟通的过程中发现,家长眼里的孩子是一个"问题学生"。施老师有意识地关注这个被家长称作问题学生的学生,哪怕他取得点滴进步都及时表扬。因为施老师认为,新生入学都想给班主任和班级同学留下好印象,所以鼓励和赏识应该能起到较好的效果。开学第一周,班级争章栏中他的星星竟是最多的。他妈妈知道后,难掩激动的心情。善待每一位学生,就会抓住很多教育学生的契机,这种契机不一定改变这个学生的一辈子,但至少会让学生有一个很大的转变。

每个孩子都有成功的潜能,每个孩子都有成功的愿望。赞赏孩子、鼓励孩子,是师生情感的催化剂,是激发学生内在的动力。施老师的言行让我们明白,教师要善待每一位学生,在教学过程中不但应履行职责,更要富有创造激情和理想追求。

三、树品:立党性的高昂

第一,大写的人,心有阳光。翻看施老师写的一份材料,即"五心耀党徽　党员我先行"目标承诺书,她在承诺书中这样写:"我是一名中国共产党党员,我决心用实际行动来兑现自己的承诺,求真务实,敬业奉献,开拓创新,体现共产党员的先锋模范作用。"确实,承诺书只是一页纸,然而更多的情愫却写在了一个党员每一天的坚守与执着中。施老师是我们"德富同行者"队伍中的关键人物,当身边的老师遭遇迷茫、困惑、瓶颈时,他们从施老师淡淡的却又回味久远的笑容中汲取奋进的力量,从她早出晚归、伏案备课的慈祥身影中汲取坚持的力量,从一名党员的默默无闻中得出教书育人最真实的答案,从她的点滴日常中汲取成长的力量。党员教师的精神坐标就是做一个"大写的人","大"的中间是顶天立地的人,什么是天?为党培养人,成长、成人、成才就是教师的天。什么是地?饱含深情地扎根在年复一年的课堂中,播撒爱的阳光。罗曼•罗兰说,"要撒播阳光到别人心里,先得自己心里有阳光",施老师就是一个心里有阳光的老教师。

第二,应有所为,诲人不倦。在学校的历次评选中,施老师得到很多老师的认可,曾先后获得了区园丁奖、区师德标兵提名奖、镇优秀党员等荣誉称号。在每一项荣誉面前,施老师都认为这是大家共同努力的结果,不应该由她个人获得荣誉。学校领导告诉施老师:"您的荣誉就是我们德小的荣誉!"是呀,一名党员有所为有所不为,但是应有所为就是把心全部"扑"在了教育事业上。施老师认为她作为一名党员,也作为青年班主任的带教导师,这份职责就要求她带教好每一个青年教师,这是老教师的职责。所谓独木不成林,良好的学校生活氛围需要众人之间的相互磨砺,每个教师积极健全的教育意识,是学校积极健全发展的条件。在党员工作交流中,她提议在不同年龄层次的教师群体中开展不同形式的学习和研讨活动,青年教师以评优活动为主、中老年教师以带教青年教师为主,全面开展读书征文、论文写作、课堂教学等方面的活动,把教师的精力和兴趣引导到学习上来。通过活动评选,学校引导教师形成良好的人生价值取向。校园内时常会有温暖的画面,就是一群青年教师围绕着施老师,他们或是在研讨教案,或是在交流班主任工作,或是在交流工作得失,或是在拉家常……

夕阳无限好,诲人不倦永相随。如今,施老师迎来了她教书生涯的最后一堂课,这堂课是她带领着所有的徒弟一起研讨,并集体备课完成的一堂课。这堂课是每一个"德富同行者"的师德必修课,这堂课的主题是:一辈子做施老师一样的老师,立标、笃行、修身、树品!

(撰稿者:上海市嘉定区德富路小学　张彩萍　葛莹)

第二章

接近最伟大的心灵

阅读教育专著,本质就是与伟大的心灵对话。对话是对智识的启迪,真正的对话能够带来思维的重建,让学习者获得精神成长。对话是交往的基本方式,每一位对话的参与者都能心怀他人,从而与自我相关联,因而对话是返回自身、重建自身的一个途径。就过程而言,对话参与者要清晰地表达自己的思想,充分地理解他人的话语,进而催生思维同步,最终达至情感共鸣,接近最伟大的心灵。

在学校龙头课题引领下，我们基于"全人教育"素养维度，成立教师专业发展共同体，研究新时代"师师合作"共同体的特质和群团发展的路径，完善教师专业协同发展机制，让每个教师精准定位，实现人才"蓄水池"的自动蓄能。聚焦不同共同体特有的组织文化、运作模式及构建成效，作为共同体之一的"书界会"阅读共同体，我们以激发阅读期待、丰富阅读样态、注重阅读交互评价的路径，实现了激活教师专业成长内驱力，助推教师梯度异步成长，形成富有持续学习力的学习场域。

一、 激发阅读期待，形成有吸引力的阅读磁场

第一，建立共同愿景，实现价值认同。作为一个专业发展的共同体，最终目标是教师个体和群体共同得到发展。树立共同的愿景是共同体稳定运行的前提和基础，只有这样才能在参与共同体活动的过程中，明确成员身份的意义和价值，并且不断调整自己的态度和行为，为共同的目标持续努力。学校"书界会"阅读共同体成立伊始，就确立"共读共享、共进共赢，以阅读实现团队发展和自身成长"的愿景；倡导全体教师在阅读共同体中，每学期至少"读完一本教育专著，写好一篇读书心得，参加一次交流活动"。通过灵活多样的读书活动，与书本为伴，与经典为友，与大师对话，来开拓我们的"眼界"、提升我们的"境界"、充盈我们的"世界"。

清晰明确的愿景是共同体的价值导向，其意义和内涵在阅读活动中被不断彰显和强化。这将不断增强教师对于共同体的认同感，通过高质量的阅读活动满足共同体成员的发展诉求，回应教师们对于教育事业的坚定信仰和自身职业的高度

热情。基于共同的愿景,自2020年起,教师们从一开始抱着"试一试"的心态加入阅读共同体,到慢慢地对于阅读有了更进一步的认识,对于愿景的理解也从一开始的模糊到逐渐清晰,这一过程也加深了教师们对于愿景的理解与认同,从而进一步把共同体的愿景内化为自身的认同。

第二,注重专业对话,营造融洽氛围。阅读国内外教育专著,促进专业成长,丰富阅读经历,让生命在阅读中更加精彩和丰厚。阅读之后的多途径对话是对教师专业成长的真正推动,对话是学习共同体基于现场相互学习的有效途径。其一,从对话的意涵而言,对话富有思维智识的启迪。真正的对话能够带来思维的重建,点燃学习者的智慧之光,使学习者获得阅读带来的精神成长。其二,在共同体学习中,对话成为教师间交往的基本方式。每一位对话的参与者都能心怀他人,从而与认知自我、反思自我相关联,成为返回自身、重建自身的一种途径。其三,从对话的过程而言,要有认知共振、思维同步和情感共鸣。对话中学习的发生依赖于清晰地表达自己的思想意义和充分理解他人话语的意义,不同主体对于话语信息的相同认知,催生了思维同步,最终达至情感共鸣,实现深刻的共同体学习体验。

效益一:激活学习动机、从冷眼走向参与

教师无论出于何种学习动机参与阅读共同体,其学习动机均受到共同体这一外部环境影响力的作用。学校龙头课题研究活动的推动,每次阅读共同体的成员分享,专家导师的精准点评与指导,共同体中融洽又积极的关系,给成员们提供了心理情感上的支持。共同体的目标愿景、明晰的阅读方向、活动机制让不同年龄段和学科背景的教师都找到了具体的阅读任务,触发了阅读行为。

这样的共同体场域产生了一种支持作用,对教师学习动机构成正向的推动力,促成了部分教师由"活动导向"和"目标导向"向"学习导向"转化。自 2020 年"书界会"阅读共同体成立以来,"德富同行者"团队共读书籍 10 余册,学科团队、项目团队阅读至少 7 册,开展共同体阅读分享活动 8 场次、参与率实现 100％,各成员撰写阅读心得至少 10 篇,学校将其汇编为《德馨物语》4 册。

二、 丰富阅读样态,促进有深度的阅读思考

学校建构基于"全人教育"理念的教师角色培育导向,让教师成为"全人教育"的传播者和实践者,努力培养出德智体美劳全面发展的德富学子。为了实现这一目标,教师必须具备丰富的知识和完备的人格。以灵活多样的阅读样态推进教师阅读,可以起到丰富阅读资源、加深阅读理解、提升阅读质量、促进阅读转化的正向力量。

第一,团队共读,发挥指引力。"双新"时代,社会变革日新月异,教育的步伐也持续向前。学校密切关注教育动向和前沿信息,关注教育类热门书籍的方向和主题,通过每一届书界会向全体教师推荐书籍。阅读共同体启动仪式上,学校向教师推荐莫提默·J.艾德勒和查尔斯·范多伦合著的《如何阅读一本书》。这是一本经典的阅读指南,详细介绍了阅读的四个层次:基础阅读、检视阅读、分析阅读和主题阅读,并提供了如何成为一个有自我要求的读者的指导。上海市黄浦区教育学院副院长潘裕民老师作主题导读,从书籍的选择、阅读的过程、阅读的境界、阅读的方式等方面给出了专业的指导和引领。

此后,阅读共同体先后开展《重构作业——课程视域下的单元作业》《核心素养导向的课堂教学》《新版课程标准解析与教学指导》《项目化学习设计:学习素养视角下的国际与本土实践》《项目化学习的实施:学习素养视角下的中国建构》等团队共读活动。每一次共读都是一次集体学习和成长,是"德富同行者"知识储

备、学识眼界、个人素养、教育理念的同步刷新,为学校教育教学工作的迭代焕新提供了可能、奠定了基础。

第二,自主选读,激发内驱力。在根据教育发展走向、教育热点、集体需求开展团队共读的基础上,阅读共同体也鼓励不同的学科团队、项目团队、教师个体根据专业、需求和兴趣,自主选择那些能够启迪思考、补齐短板、触动心灵的书籍进行课外阅读。这种自主性不仅能够增强教师对知识的渴望,更有助于形成持续的学习动力。

语文组基于教学难点,组织阅读《写作教学教什么》《高质量作业设计实践方案》等书籍;数学组注重课例剖析,组织阅读《我这样教数学——华应龙课堂实录》《种子课——对话深度学习》等书籍;英语组推进课堂观察,进行了《以学习为中心的课堂观察》《小学英语教学关键问题指导》等书籍的研读;综合组着眼学科融通,阅读了《聪明学习7原理——基于学习科学的教学策略》《跨学科学习:一种基于学科的设计,实施与评价》《胆小别看画系列》等书籍。在大思政、项目化的推进中,研究团队边思考边实践,阅读了《大中小学思政课一体化建设协同教学案例研究》《50个工具玩转项目式学习》等书籍。教师个体的阅读更是百花齐放,学校党支部的读书月分享、“我嘉书房”阅读交流、“学习强国”平台中的学校阅读共同体分享圈中,时时都有教师的阅读推荐与分享。教育管理类书籍、学科教学类书籍、人文素养类书籍、启智励志类书籍……丰富而广泛的阅读种类背后,是教师们对知识的热爱和对教育事业的执着追求。自主选读让教师在阅读中发现自我,找到与教学实践相结合的切入点,实现专业精进。这种自我驱动的学习过程,不仅提升了教师的个人素质,也为学生树立了终身学习的榜样。

第三,学思共悟,深化理解力。在阅读共同体中,教师不仅是知识的传递者,更是思考的引领者。通过阅读,教师能够汲取丰富的知识,激发深层的思考,从而深化自己的理解力。这种理解力的提升有助于教师自身专业素养的增长,更能在教学过程中引导学生进行深入思考和探索。教师的“学思共悟”,是一种将知识内化、思考外化的过程,它要求教师在阅读时不仅要吸收信息,更要进行批判性思考,形成自己独到的见解。这种能力的提升对于教师来说至关重要。

例如全体教师共读《核心素养导向的课堂教学》一书,各教研组在精读书本的基础上,通过讨论、交流,梳理了各学科的核心素养内涵及德富路小学优质课堂的特征。在线教学期间,共同体成员阅读信息技术类文章、书籍蔚然成风。大家聚焦线上教学关键性问题,边读边思、边学边做,并及时反思、梳理、总结自己的线上教学经验,撰写成一篇篇教学案例,体现出全体德富教师在新的教学情境中的敏锐力、思考力、实践探索力。

共读与选读相结合、精读与通读相结合、阅读摘抄与撰写体会相结合,灵活多样的阅读形式加深了阅读的思考和理解。此外,在每学期的阅读共同体分享活动中,我们也通过鼓励发言、设计提问、百秒感言、专家对话等高频快进的环节,形成高度参与的气氛等,推动教师在阅读后加强实践反思,促进教师在阅读对话中拔节生长。

效益二：实现身份认同、从任务走向使命

将阅读赋予价值和意义,有助于促进教师以饱满的情感投入书本,而不只是完成无可奈何的工作命令。在阅读共同体中,教师对自我的观念由被动的读书人转变为追求师生共同成长的主动"取水人"。阅读从传统的"个体独白"转变为"群体对话",大家对于自己的"身份定位""成长目标""工作的价值"已经有了清晰和积极的定位。近两年,阅读共同体中有2位教师分别荣获区十佳班主任、优秀班主任称号,1位教师获评区学科带头人,10位教师获评区级骨干教师、新星,25位教师成为区双名工作室成员。

三、注重阅读交互与评价，彰显有成长力的阅读质效

在阅读实践中，教师与共同体成员深入交流，主动与他人分享自己的理解和感悟，倾听不同的声音，这种开放的态度有助于教师吸收多元的教育理念，形成更为全面的视野。此外，教师通过案例分析、教学反思等方式，共同探讨教育实践中的难题，寻找创新的解决方案。这种基于阅读的专业对话，不仅能够提升教师的教学技能，也能够增强团队的凝聚力。

第一，数字化场域促进阅读交互。在传统纸质阅读的基础上，阅读共同体充分发挥互联网、通信工具，以及阅读软件的优势，运用微信公众号、微信读书、在线个人图书馆、知网研学、听读 App 等工具进行线上阅读。教师在数字化场域开展看读、听读、笔记、摘录，随时随地在线进行交流与分享。学校行政组组建了"德馨园"在线阅读分享群，大家会将高质量的推文在群内分享，也会自发地开展阅读交流。若教师在阅读过程中遇到有疑惑的地方，则会在群内求援，大家展开讨论研究，集思广益，寻求解决问题的途径，通过基于不同视角的思考与辩论，不断提升发散性思维。

第二，柔性评价追踪阅读品质。每个季度，阅读共同体会集中分享成员在阅读中的收获与成果，包括阅读过程中的心得、读书笔记、精彩语句的摘抄，并附上自己的注解和思考；要求教师结合自己在教育教学中遇到的事件，写成典型的教学案例，在叙述后进行再反思。学校每学期对教师的阅读时长、阅读笔记、阅读成果等方面进行记录，特别是阅读成果，如读后感、教育叙事、教学论文、教学设计、跨学科主题案例等。采用自评与互评的方式，评选出"阅读之星"，促进教师将阅读成果转化为教学实践，推动学校教育生态发展。

效益三：促成阅读转化，从探索走向成功

阅读共同体内的阅读交互与评价促进了教师阅读质效的提升，教师阅读质效的变化主要反映在"知"（阅读内容）、"情"（阅读动机）、"行"（阅

读实践)三个方面,"知""情""行"如同三个齿轮互相驱动、相互作用,从而构成良性循环。教师在阅读后开展深入的讨论和交流,将阅读中获得的洞见与自己的教学实践相结合,探索如何将理论应用到具体的教学活动中。这一过程可能充满挑战,但也是教师专业成长的重要途径。

阅读的交互与评价往往首先激发了其中某一方面朝向良性发展,最终促进整个良性循环系统的形成。在"知""情""行"三个齿轮的驱动中,一次"探索"会激发一次"成功",这个人的"成功"又带动那个人的"成功"。

以"阅读"为友,与"团队"为伴;教师在"读"中感知,在"行"中进步。阅读共同体让"德富同行者"时刻保持阅读的状态,在阅读中与伟大的心灵对话,在对话中不断更新教学理念,丰富自身作为"读书人"的涵养与学识,提升"教书人"的眼界与能力。

（撰稿者：上海市嘉定区德富路小学　范薇薇）

观点透视

探寻作业辅导的密码

近年来,作业的设计与实施成为基础教育的热词之一,大量有关作业设计与实施的书籍也出现在书架和案头,借着这股热潮,我也阅读了一部分相关书籍。在阅读过程中,我对作业辅导产生了很大的兴趣,如果说集中的作业讲评可以解决多数学生作业中的共性问题,那么作业的个别辅导或小组辅导则能解决学生的个性化问题。因此,如何优化作业辅导的方式、提升作业辅导的效率成了我边读边思考的问题。

　　纸上得来终觉浅,或许进行一次实践能够让我对作业辅导有更深入的认识?这样的想法在我头脑中萌发,当然困惑也随之而来:作业辅导应该聚焦哪个知识点?如何高效地进行作业辅导?作业辅导是否真正有效解决了学生作业中存在的问题?针对后续的作业辅导还要关注什么问题?

一、 关联要素,明确作业辅导的"点"

　　在阅读了《核心素养导向的作业设计》等书籍之后,我发现作业的最大价值是帮助学生拓展原有知识框架,发展思维品质,完善情感价值,形成核心素养。所以在作业设计之初,作业目标大多指向单元语文要素,那么作业辅导的内容也可以指向单元语文要素。正值三年级下学期语文教材第三单元授课结束,我便找来了教材,再次研读了这一单元的内容。这一单元的语文要素是"了解课文是从哪几个方面把事物写清楚的",其中"写清楚"一是指文章主要写了"事物"的什么特点,二是指文章是从"事物"的哪几个方面写的。在单元习作中,教材要求学生"初步学习整合信息,介绍一种事物",既通过习作落实语文要素,又帮助学生完成从读到写的能力进阶。

　　除了关注教材导向,学生的作业实际上也是选择辅导内容的重要依据。在本单元教学结束之后,我改编了语文园地"词句段运用"部分的一道习题,布置了这样一项仿写作业:

　　"你可知道,大海深处是怎样的吗?"这是《海底世界》的开头。请你也用类似的开头写一段话,从几个方面向别人介绍一种事物。

　　◇ 你可知道,那座山上的石头有多么奇妙吗?……

　　◇ 你是否听说过……

　　在布置作业时,我对作业的内容和要求进行了一定调整:第一,将"说"的要求进阶为"写";第二,将"在运用中体会文章用问句开头的作用"丰富为"在运用中体会文章用问句开头的作用，能从几个方面向别人介绍一种事物"。这样的调整并不是毫无依据的任意拔高要求，而是呼应单元语文要素"了解课文是从哪几个方面把事物写清楚的"和"初步学习整合信息，介绍一种事物"，我将这两个单元重点整合在一起。在学生完成仿写作业后，我以班级 43 名学生为分析样本，聚焦"内容"维度，重点考查"从几个方面向别人介绍一种事物"，其中得 A 的为 18 人，得 B 的为 9 人，得 C 的为 16 人。从数据看，约半数的学生抓住了此次片段仿写的重点，能够围绕问题从多个方面介绍一种事物，并将事物的每一方面写具体、写生动。少数同学能够围绕问题从多个方面介绍一种事物，但是写得比较简单、笼统。最突出的问题是，有一部分学生仅仅从一个方面介绍一种事物，与作业的要求不符。

基于教材文本和学生实际，我找到了作业辅导的"点"——能从几个方面向别人介绍一种事物。于是，我针对"内容"维度等第为 C 的 16 名学生进行了一次小组作业辅导。

二、 基于实践，探索作业辅导的"链"

阅读了《小学作业设计与实施指导手册》一书后，我发现进行作业辅导必须要运用与学生能力相匹配的方法来提高辅导的有效性。于是，我从两个环节来进行小组作业辅导。

环节一：**发现问题，分析成因，明确方向。**在小组辅导伊始，我先下发每一位同学的仿写片段，再出示一篇等第为 A 的仿写片段，引导学生发现自己的仿写存在的问题并分析问题的成因。通过师生对话，学生分析出自己的错误原因大致可以归为两类：一是学习习惯问题；二是知识点掌握和转化问题。针对学习习惯问题导致的错误，可以结合学生已有经验找出解决对策，如圈画题干中的关键词。基于单元重点，我将作业辅导主要聚焦于单元重要知识点的掌握和转化，即帮助学生学会"从几个方面介绍一种事物"。

环节二：**联系已学，提炼方法，转化提升。**在这个环节，我按照这样一条活动

"链"来推进作业辅导。

第一链：联系范文，分解文本。本单元编排的三篇课文呼应单元语文要素，从不同的方面介绍了我们奇妙的世界、海底世界和火烧云。我引导学生重读这些已学课文，对课文的结构进行分解，明确课文是从哪些方面来介绍事物的，由此引导学生梳理课文的思维导图。除了课文的分解之外，我还出示了优秀范文，在文本分解的过程中引导学生发现，可以从事物的不同特点如形状、颜色等进行介绍；可以从事物的不同组成部分进行介绍；可以从不同的时间维度介绍一种事物，等等。

第二链：头脑风暴，建构框架。在分解文本之后，我出示这些同学所要介绍的事物，在小组内进行头脑风暴。在头脑风暴的过程中，学生们发现如果要写"石头"，可以写石头的形状、大小、颜色，还可以写不同天气下的石头；如果要写"学校的小花园"，可以写春夏秋冬不同季节的小花园，还可以写小花园中的不同景物……学生们意识到可以从多种角度去介绍一种事物，也可以从事物的不同方面去介绍。在头脑风暴之后，我鼓励学生通过画思维导图的形式来梳理自己想要介绍的不同方面，构建片段内容的初步框架。

第三链：学习写法，充实内容。在构建框架之后，接下来就是充实片段的内容。对于三年级的学生而言，已经初步建立起要把内容写具体、写生动的意识，但是对于如何去写摸不着头脑。于是，我引导学生学习课文中的写法，模仿课文进行表达。通过阅读课文中的句子，如"雨后，我们会看到地上有许多水洼，就像有趣的镜子，映射着我们的脸""黑夜降临了，我们看见夜空中群星闪烁，就像千千万万支极小的蜡烛在发光""还有些贝类自己不动，却能巴在轮船底下作免费的长途旅行"等，引导学生发现作者运用比喻、拟人、排比等修辞手法将事物写具体、写生动，让学生建立起运用修辞手法进行描写的意识。这样，学生所学的片段就更"有血有肉"。

第四链：方法转化，实现提升。通过关联已学内容，学习如何搭建框架和充实内容后，我出示了评价表，要求学生重写片段并完成自评，之后我对辅导后完成的作业进行评价。学生的自评结果显示得 A 的为 4 人，得 B 的为 10 人，得 C 的为 2

人,而我的评价结果则是得 A 的为 6 人,得 B 的为 8 人,得 C 的为 2 人。综合这两组数据可以发现:通过小组辅导,原本得 C 的同学均有大幅度的提升,多数同学从 C 等上升到 B 等,小部分同学甚至跃升到 A 等,就"从几个方面介绍一种事物"这个知识点的掌握来看,学生有了质的提升。

三、 反思不足,发现作业辅导的"缺"

王月芬博士在《重构作业——课程视域下的单元作业》一书中指出课程视域的作业观的基本理念之一就是"注重反思改进",那么我想在"作业辅导"这一环节也应该注重反思改进,让作业辅导的结果既对学生再学习、教师再教学的情况进行诊断,又为后续的作业辅导提供更完善的方法和路径。

首先,要关注个体差异。小组作业辅导尽管已经是分层辅导,但是针对小组中的所有学生仍然要考虑辅导对象的个别差异。在现实的教学活动中,每个学生对问题的理解和掌握程度是不同的,其兴奋点、疑难点也各不相同,这些差异会在作业中一一呈现出来。教师只有利用作业中反馈出来的差异,才能寻找到适合学生需要的个体化帮助,实现有针对性的辅导。

其次,要注重再评价和再反馈。无论何种形式的作业辅导都需要进行再评价和再反馈,一方面可以让教师跟踪学生的学习动态情况,及时发现问题查缺补漏,帮助教师不断反思和改进教学;另一方面可以对学生形成动态评价过程,持续刺激学生的动力,激励学生更好地投入学习。

再次,要兼顾"补差""提优"和"中间"。传统观念中,作业辅导针对的是"补差",但实际上作业辅导不仅针对"补差",还针对"提优",更要兼顾"中间"。对于优秀学生的作业辅导,教师要注重增加学习内容的难度,满足他们的学习愿望,进一步激发他们的学习潜力。除了重点做好"补差"和"提优"之外,对于那些处于"中间"且极容易被忽视的学生,作业辅导要注重激发他们的学习兴趣,推动他们往上跳一跳摘到"苹果"。

从"读"到"思"，再到"行"，因为阅读，我才萌发了对作业辅导密码的探寻兴趣，才付诸了作业辅导的实践。有人说，读书的过程实际上是在两个方向上不断探索的过程：一个方向是向内，不断探索自己的内心，尝试正确地认识自己；另一个方向是向外，不断探索与自己生活、工作相关的领域，构建起自己对世界的认识，我想我正是如此。读书是一个人的修行，翻开书本，修行便开始了，我们要做的不仅是汲取新的知识，还要增加我们的理解力、内驱力和实践力。在阅读的过程中，我们会更好地认识自己，了解他人，发现世界，探索未知，我们会变得更有智慧，对生活和生命有更深刻的体认。

（撰稿者：上海市嘉定区德富路小学　沈丽丽）

实践偶得

丰富儿童的语言积累

叶圣陶先生提出："口头表达能力也称口语表达能力，是指用口头语言来表达自己的思想和情感，来达到与人交流的目的的一种能力。"参与学校阅读共同体后，每个学年我们都会在书界会上通过汇报、论坛等形式分享自己的阅读体会。这类阅读后的口语表达与交流活动，不仅帮助我们加深对书中内容的理解，还促进我们将所读的书籍内化为自己的思想和情感。通过口语表达，我们将阅读所获得的知识和感悟变成了自己的一部分，这个过程是情感上的共鸣，是心灵间的交流。可见，口语表达是阅读过程中不可或缺的一部分。

对于低年段的小学生来说，口语表达能力对他们日后的交际和学习也是至关重要的，是他们建立语言基础的重要途径。然而，在教学一年级过程中，我发现低年级学生在口语表达时普遍存在着缺乏自信、因紧张而不流畅、词汇和语法错误、逻辑不清等问题。幼儿园和小学有着不同的教学目标和教育方式,如何基于幼小衔接视域来提升小学低年段学生口语表达能力成了我时常思考的问题。

在读了《义务教育语文课程标准(2022年版)》《3—6岁儿童学习与发展指南》和《上海市幼儿园幼小衔接活动指导意见(修订稿)》后,我发现要想有效促进小学低年段学生的口语表达能力,需要根据幼小衔接的要求,创设情境、提供表达支架,并与家庭合作,以实现学生口语表达能力的可持续发展。

从2022年版课标和《3—6岁儿童学习与发展指南》中,我们发现幼、小两阶段对于学生"说"的目标设置存在差异性。幼儿园大班要求学生掌握形容词、同义词,并能在情境中运用恰当的语言;小学阶段要求学生对写话产生兴趣,乐于运用阅读和生活中学到的词语,能在课堂上进行表达,逐渐能够讲述小故事和自己感兴趣的见闻。基于这些差异,小学语文教师对于低年段学生的口语表达能力的发展要有明确的衔接目标:让学生敢说、想说,帮助学生能说、会说,最后让学生多说。我们可以从以下几个方面最大限度地丰富儿童的语言积累。

一、 对标"纲领文件",开启学生"想言想语"的秘钥

阅读了《3—6岁儿童学习与发展指南》中关于幼儿园口语表达的内容,我对于培养学生口语表达能力有了更深的理解。幼儿园的口语表达强调以兴趣为主,而不过分强调技能。这让我意识到,在幼儿园阶段,学生的兴趣和积极性对于口语表达的发展至关重要。而2022年版课标中提到的语言运用的概念则强调了学生在具体语言情境中有效交流沟通的能力,这让我明白了口语表达能力的培养需要在实际的语言实践中进行。通过创设相应的口语表达情境,教师可以激发学生的表达兴趣和积极性。例如教学《青蛙写诗》一课,我让学生说说青蛙的诗到底写了什么,为此创设了给青蛙当"小翻译"的语言表达情境:"小朋友们,你们一定都想说给小青蛙听一听吧!让我们赶快行动起来,争当翻译小能手吧!"学生在真实具体的情境中参与表达的热情也会更高。除此之外,我们还可以利用多媒体、角色

扮演、游戏互动来创设情境。如学习《小壁虎借尾巴》一课时,就可以让学生来扮演小壁虎、小鱼、老牛、燕子和壁虎妈妈等角色,通过表演的形式再现故事内容。

让学生在多元化的情境中代入不同角色,展开对话,进行表达锻炼。经过多次口语表达锻炼,学生自然就敢说、想说。这种教学方法符合学生的学情,有助于突出衔接,培养低年段学生的口语表达能力。

二、 阅读"教育书籍",探寻学生"能言能语"的路径

阅读了 2022 年版课标中关于小学低年段口语表达的内容,我对于学生口语表达能力的发展有了更深的认识。相较于幼儿园阶段,小学低年段的口语表达要求更加规范和准确,这让我意识到学生在口语表达方面的发展已经进入了一个新的阶段。教师在学生进行口语表达时需要提供支架进行引导,帮助学生掌握、建构和内化所学的口语表达技能。这种方式能够帮助学生逐步从"愿意讲话并能清楚地表达"向"能复述大意,能较完整地讲述小故事,能简要讲述自己感兴趣的见闻"转变。这种渐进的引导方式有助于学生逐步提高口语表达的能力,同时也能够保持他们对口语表达的兴趣和积极性。我们可以从以下几个方面来提供表达支架。

第一,听清问题,获取信息,正确表达。《教育心理学》指出:"学习的第一步是倾听。学生需要通过倾听老师和同学的话语来获取正确的信息,从而积累规范的口语表达方式和方法。"这种观点强调了倾听对于口语表达能力的重要性,同时也提到了老师在课堂上搭建问题支架,为学生的口语表达提供支持的做法。基于此,在教学《明天要远足》初读课文、整体感知这一部分时,我让学生边听边想:晚上,课文中的"我"想到明天要远足,他怎么样了呢? 值得注意的是,学生只有在听清问题中的"我"是指课文中的"我"而非自己时,才能准确交流出:"明天要远足,'我'睡不着。"而不是根据自己的经验想象如果明天要远足,日常生活中的自己会怎么样。

第二，依据年段，借助句式，规范表达。教育学家杜威在其著作《儿童与教育》中提出了"经验教育"理论，他认为教育应该以学生的经验和兴趣为出发点，通过实践和体验来促进学生的语言发展和逻辑思维能力。这一理论也带给了我一定的启发。幼小衔接阶段的学生已经具备了初步的听说能力，但是他们在表达时无法按照一定的逻辑顺序来组织语言。因此，为了帮助学生学习基本的规范表达，我们要教给学生一些基本的句式，让表达从随意走向规范。如教学一年级上册《青蛙写诗》时，我给学生提供句式支架：(谁)要给青蛙当(什么)。引导学生把读懂的内容说清楚。句式支架的提供让学生能说会说。这个阶段基本的句式有：(什么)(怎么样)。(什么时候)，(谁)在(哪里)(干什么)。学生在仿说句子的基础上还可以随文仿段。长期练"说"有利于提高学生的口语表达能力，让学生的表达日趋规范。

第三，观察插图，信息重组，准确表达。苏联心理学家维果茨基在《思维与语言》一书中写道："语言是思维的物质外壳。"他详细阐述了语言和思维之间的关系，强调了语言对于思维发展的重要作用。而学生在进行口语交流之前，必须先经过自己的理解，将大脑中的信息有序重组，这样才能把自己的想法准确地说出来。统编教材的课文都配有精美的插图，一边看图一边读，既可以让低年段学生体会语言文字表达的生动性，又可以帮助他们在表达时形成画面感，从而帮助其准确、完整地表达。大多数一年级学生在幼儿园阶段已经具备初步的读图能力，因此，让他们将图片内容，尤其是多幅图的内容说清楚，可以进一步引导学生凭借已知的信息，通过插图、提问、提示去理解课文，重组信息进而表达。如《小蜗牛》一课共出现了 4 幅插图，在初读课文阶段，我引导学生对照图片，找到故事里提到了哪几个季节，再找出四季分别对应的插图和段落。在之后深入学课文时，再给学生提供句式："春天，蜗牛妈妈让小蜗牛去(干什么)。"小蜗牛说："妈妈，＿＿＿＿＿，＿＿＿＿＿，＿＿＿＿。"让学生将图片内容说清楚，说准确。由于课文插图就是故事情节的体现，所以学生在交流时，说得也就比较清楚完整。这样的表达训练不仅帮助学生理解了课文内容，还能让他们完整地讲述课文故事，提高了他们的口语表达能力,同时有利于培养其语言思维。

第四,聚焦文本,积累词语,生动表达。吴忠豪教授在《语文到底教什么》一书中提到,语言积累是学习语文的基础。语言积累的数量是决定一个人语文能力的关键要素,小学阶段语文教学最有效的教学手段,就是将课文中规范的词语和句型输入学生的语言仓库,最大限度地丰富儿童的语言积累。"读"是学生与教材沟通的首要环节,也是提高学生口语表达能力的重要途径。因此,教学时,我时常依据文本特点,引领学生充分阅读,在读中理解词语,主动积累字词、短语。如一年级上册《小小的船》,运用了许多叠词描写景物,如"弯弯的、小小的、闪闪的、蓝蓝的"等,读来朗朗上口,自然亲切。这些叠词都强化或突出了事物的特点。我让学生模仿文本表达:"船——小小的船——还有小小的什么?"通过交流,打开学生的思路,如"小小的蚂蚁、小小的水珠、小小的果子"。这样,学生在具体的交流语境中丰富了字词积累,为今后的生动表达打下了基础。

可见,无论是问题、句式,还是课文插图,抑或是依据文本的表达特点积累的词语,都是有效训练学生口语表达能力的支架。

三、 研读"指南书籍",扩充学生"多言多语"的途径

《3—6岁儿童学习与发展指南》指出:"幼小衔接是一项复杂的工程,主体多元,除了幼儿园、小学之外,家长也占据了学生学习过程的重要位置。"同时根据《上海市幼儿园幼小衔接活动指导意见(修订稿)》中提到的家长参与度不高的问题,我发现小学教师要想培养学生的口语表达能力,就需要积极寻求家长的协同配合,通过丰富的语言实践活动,增加他们口语表达的机会。《家长是孩子的第一任教师》强调了家长在孩子成长过程中的重要作用,提倡家长积极参与孩子的教育和成长,要在日常生活中引导和教育孩子。在这些指南书籍的指导下,我设计了一系列口语实践活动。

例如,一年级上册"和大人一起读"安排了《春节童谣》。学完童谣后,学生很

快就会迎来春节这个传统节日。我组织学生和家长共同参与"缤纷年味,风俗习惯"介绍会的实践活动。教师事先和家长们说清楚活动的要求,让家长帮助学生了解春节习俗,并帮助学生记录他和家人是如何过春节的,可以通过画一画、拍一拍、写一写的形式来记录。另外,还可以让学生给家人送上春节祝福语。了解、记录的过程也会为学生提供表达的机会。假期后,我还让孩子们介绍自己是如何庆祝春节的,了解了哪些春节习俗。在此过程中,学生大多数会围绕写春联、贴春联、贴福字、放鞭炮、收压岁钱等习俗展开互动交流。在交流中,学生的口语表达能力在潜移默化中得到了一定的提升。而在介绍会环节,学生始终围绕"缤纷年味,风俗习惯"这一主题进行表达,表达的内容丰富,质量也比较高。上述模式不仅增进了学生与家长之间的感情,还给学生提供了更多口语表达的机会,增加了学生的语用体验,有效增强了学生的口语表达能力。

作为一名教师,阅读书籍是一种无与伦比的珍贵体验。这些书籍如同灯塔,照亮着我们前行的道路,让我们更加明晰地了解教育的本质和使命。每一本书都是一位智者的心灵结晶,它们的每一个字句都是对教学智慧的传承和延续。每一页都是知识的花朵,绽放出无尽的智慧和启示。正是由于阅读了许多关于口语表达方面的书籍,我获得了许多关于口语表达能力教学的理论知识和实践经验,从而能够更好地指导学生提高口语表达能力。

(撰稿者:上海市嘉定区德富路小学　黄婷婷)

现场纪实

读写共生的耕作之情

腹有诗书气自华,最是书香能致远。读书是教师最好的修行,读专业性的书籍更能够快速促进教师专业化成长,让教学更加有智慧,让课堂显著升温。近年来,在学校龙头课题"'全人教育'视域下小学教师专业发展共同体建设的行动研究"引领下,构建了书界会阅读共同体,聚焦学生核心素养和教师关键能力提升,每期都有明确的阅读主题。同时,遵循集中学习与自主学习相结合、阅读摘抄与撰写体会相结合的原则,开展了灵活多样的读书交流活动。通过书界会,教师们在不同的主题中碰撞出智慧的火花和教育的真谛,不断地探寻成长力的 DNA 密码,突破自我认知,实现成长破圈。

作为一名青年教师,我应该如何成为一名具有成长力的教师呢?我想,也许是因为这几届书界会带来的阅读体验,给我提供了成长的养分,让我能从中探寻成长力的 DNA 密码,为自己的专业发展注入先进的知识和新鲜的思维。

一、 持续性阅读,唤醒职业发展的热情

首先,以阅读消解职业倦怠。工作了一段时间后,我发现自己经常疲于应付各种琐碎、繁杂的事务,有时会遇到很多让自己不开心、不自在的事情,久而久之会产生倦怠感。有了倦怠感后,自己的关注点就会放在这些事情上,抱怨越来越多,持续自我成长的动力却越来越少。我不禁问自己:你当初为什么要当教师?你想要当一名怎样的教师?我陷入了沉思。

通过书界会,我研读了《教师成长力专业素养发展图谱》一书。作者在第一章的论述,让我感受到一个专业教师与业余教师的差别。业余教师只是把工作当作赚取薪水、养家糊口的工具,所以在工作过程中经常会感到倦怠感和无力感。而专业教师是把教师职业当作实现自身价值的手段,致力于在教书育人中获得幸福感,探索自己真正的教育理想。读到这儿,我就想到自己当初是因为喜欢孩子,对孩子特别有耐心、爱心,所以选择做了一名教师。既然我已经选择了这份职业,那我就必须肩负起自己的职业担当,做好这份教书育人的工作,努力在工作中提升自己的职业认同感。此外,作者还在书的封面强调了"唤醒教师的自主发展意识,

奔向幸福完整的教育生活",确实如此,在阅读成长的路上,教师要唤醒自己持续学习的热情,发展自己学习的内驱力,从而提升教师个人的专业发展。此后,我便在阅读共同体中开始了自己的阅读之路。

其次,以阅读提升专业素养。 近年来所有学科都在强调"核心素养"一词,那么什么是"核心素养"呢? 2022年版课标要求的核心素养如何在语文学科中落地呢? 抱着这些问题,我阅读了《核心素养导向的课堂教学》一书。书中清晰地阐述了核心素养中的概念界定,使我建立了一些系统性认知。我继续深入阅读,学习书中的新名词、新理念,在这个过程中,我觉得自己似乎进行了一次与作者的对话,亦像是进行了一次与自我的深度访谈,自己的格局一下子被打开了。

在这个信息爆炸的时代,阅读几乎是我们每天都要做的事情,无论是从纸质文本还是从电子媒体,我们一直在获取信息。然而阅读这些形形色色的、碎片化的信息后,我们真的了解事情的本质,提升认知水平了吗? 我在阅读了《如何阅读一本书》后,逐渐体会到"细读"的重要性。学无止境,读也无止境。作为教师,我们自身要学会读透书本,细读书本,才能进行有效的阅读教学。每读到一本好书,我们会一起通过书界会及时交流心得体会,在交流中互相学习、共同成长。书界会切实地点燃了我阅读的热情,并推动着青年教师的专业成长。

二、 问题化阅读,解开教学实践的疑点

众所周知,作业是学生每天都要经历的再平常不过的学习任务。同时,作业对于教师检测学生学业质量,诊断改进教学,促进学生素养发展,有着不可忽视的重要作用。从前,我设计的作业大多以抄写、默写这样的重复性作业为主,通过紧抓知识点,让学生从题型中反复巩固渗透。随着2022年版课标的颁布,我逐渐发现这样的作业是机械的、简单的,无法在作业中体现核心素养的价值导向。

那么如何从核心素养的层面出发,设计出指向育人目的的低学段作业呢? 通过书界会搭建的阅读平台,我阅读了《核心素养导向的作业设计》这本书,它给我

带来了许多启迪。书中提到了 14 种类型的作业设计指向不同性质、层面的能力素养：单元类作业指向系统性；合作类作业强调合作性；体验类作业重在体验性；自主式作业突出自我效能性等。随着阅读的深入，它帮助我意识到：机械的学习和庞杂的内容会直接导致学生学业负担过重，无助于核心素养的形成。教师应该正确把握教材知识与学生核心素养之间的辩证关系，从学生的长远发展出发，丰富作业内涵，注重基础性和发展性的和谐互促，实现知识与素养齐头并进，促进学生全面成长。于是，我进行了相关的实践探索。进行五年级上册《猎人海力布》《牛郎织女》等课文的教学时，我让学生收集民间故事的相关资料，探究民间故事的文化意义，再对比外国民间故事和中国民间故事，感受中外的文化差异。然后我再要求学生讲述自己知道的民间故事，最后评选出最会讲故事的"故事小达人"。通过这样的作业，学生既能拓宽自己的知识面，又有助于锻炼收集信息、处理信息的能力，还能增强探究意识、文化意识，从而达到知识与素养和谐并进。

三、 反思性阅读，突破专业探索的难点

《核心素养导向的作业设计》一书还告诉我们：作业的设计不能局限于教材知识，照本宣科，而要将教材与学生生活有机融合，活化作业内容，贴近学生实际，让学生在熟悉的生活情境中乐于学习、学会学习。例如，语文教学中的访谈、观察、记录、调研、制作海报、宣讲生活中的小知识、创编剧本等作业，有助于激发学生学习热情，搭建书本知识与实际生活之间的桥梁，从而提高学生运用知识的能力。

阅读过程中，我不禁反思，自己布置的课后作业以书面作业为主，形式过于单一，且重复性作业不利于激发学生的作业兴趣。如何创新作业形式，以少量作业达到最佳效果呢？我想口头作业就是一种有效的作业形式。它能改变书面作业的单调感，让作业动起来，指向学生语言运用的核心素养。当教完寓言《自相矛盾》后，我可以布置这样的课后作业：如果你是楚国人的朋友，如何帮助他改正错误呢？请口头对他说一段话，自己先在家练习，第二天来学校与大家分享你的劝

说词。这样的口头作业有效减轻了学生的书面作业负担,调动了学生的积极性,给学生创造了释放个性的机会,而且在角色扮演的过程中还能提高学生的语言表达能力。

作业变革背后,既是教师知识观、儿童观、学习观、评价观的一次更新,也是给作业这一古老形式赋予了新的生命和意义。核心素养导向下的作业设计要坚守素养本位,避免作业流于形式。好的作业能让孩子拥有无限成长的力量,而我不应该凭借已有的教学经验停滞不前,而是应该对自己的教育教学、作业设计多下功夫"琢磨",找准专业发展的难点,促进自我的成长。

四、 读写共生,克服自我成长的痛点

时光如流,教育生活似乎总在年复一年、日复一日的耕作中循环。波纳斯曾提出过一个教师成长的简要公式:经验 + 反思 = 成长。教师撰写教学案例,是教师不断反思改进自己教学的一种方法,也是教师自我教育和成长的过程。

首先,经验是成长的基点。记得有一年教学工作是在线上进行的。当时大部分学生居家学习,缺少有效的监督,学习主动性大幅度降低,在线复习的效率尤其低下。于是,我借此机会上了一节区级线上单元复习课。利用假期时间,我对自己的这节课进行了梳理和总结,撰写了一篇《梳理·提炼·迁移——基于线上语文单元复习课的有效性探究》的教学案例。

既要对一个单元的知识进行梳理,还要组织学生通过新旧知识的联系,提炼出有效学习的问题链,引导学生尝试总结并迁移学习方法,以及这些内容需在线上开展,这对我来说是一项艰难的挑战。因此,我在备课环节翻阅查找了大量复习课的案例,结合 2022 年版课标、课改的要求,梳理出了这节单元复习课的主要教学流程:通过出示本单元目录,回顾本单元的学习内容;根据课文问题链,回顾学习步骤,提炼学习方法;根据阅读情境,迁移运用学习方法。学生在课上先回顾旧知,再利用课文的问题链梳理出本单元的知识点和阅读路径,大大提高了课堂

参与度,使单元复习更加高效。此外,学生结合阅读情境,思考了具有思辨性的问题后,能够关联起单元知识点,有效进行深度复习。

其次,反思是成长的途径。我发现开展线上学习时,能力中等或中等偏下的学生更容易产生畏难情绪,从而导致线上课成为教师的"一言堂"。如何调动这部分学生提高自主学习的能力呢?为了解决这个问题,我想要了解这部分学生内心真实的想法。于是,我阅读了《学生管理的心理学智慧》这本书。书中提到一个观点:教育的本质是一种"人际影响"。从心理学的角度来说,人际交往中适当的赞美会收到很好的影响效果,当我告诉学生很喜欢他们的时候,他们就会产生一种回报情感。他们本来的学习能力偏弱,相比学习能力强的学生更容易产生越学越累、越学越难这类抵触、厌恶的心理。因此,线上教学时,我不能吝啬对这类学生的赞美,要经常表达对他们的关注和喜欢,要让他们感受到被老师认可和鼓励。当他们需要我的帮助时,我可以利用钉钉平台的社交功能建立不同的讨论组,引导他们进行小组合作学习并及时给予指导。正所谓"授人以鱼不如授人以渔",教师应当引导学生学会"怎么学",而不是"满堂灌"。

作为一名教师,每天的备课、上课就是我工作的重心。在这些过程中,我随时会有新的发现,有不断生成的丰富资源。通过阅读与写作的结合,我捕捉到这些资源并转化为自己新的能量。我逐渐认识到:教师的成长力不仅是在一次次阅读中产生的,也是在一次次反思中获得的,更是在一次次写作中证明的。

如今,写作对我来说已经不是一个令人恐惧的名词,而是一种"耕作"方式——用心记录自己教育教学的过程,直击教学过程的难点和痛点,突破自我的成长。读书正当时,莫负好时光。这不,假期如约而至,我已经迫不及待地翻开专业书籍开始品读了。作为青年教师,我们应该坚定地走在阅读专业书籍的路上,完成与伟大心灵的对话,实现个人素养的飞跃。

(撰稿者:上海市嘉定区德富路小学　徐佳茜)

人物镜像

幸福因书香扑面而来

一、一个人读·成长

人之气质，由于天生，本难改变，唯读书可变化气质。

——曾国藩

我，生于山东沂蒙地区的一个村庄，父母亲对自己一生坎坷的命运耿耿于怀，从小便在我的心中种下了"唯有读书才能改变命运"的种子。读书，便成了我儿时的生活乐趣。

因为农村书的贫瘠和父辈人观念的落后，我从小接触的书几乎只有课本，那时，读课本、学课本，考出好成绩，就是我的读书生活。最喜欢在拿到新书后看历史书中的小故事、思政书中的小案例，也算是消遣了。记得初一时家里曾出现了几本《故事会》，但是正当我看得津津有味时，书被父亲清理了，因为——要好好学习，不能看"闲书"。于是，在这"好好读书"的期待中，我如愿考上了大学。我记忆中的深刻经历就是高考后的假期趴在床上一口气读完了《平凡的世界》，合上书的一刹那，我坐在硬硬的凉席上半天没有动弹，那种冲击心灵的激动情绪久久无法平复。

进入大学后，为了对得起自己的专业和身份，我一方面被动读了不少教育学、心理学类的理论书籍，另一方面也开始看一些文学、历史类书籍，却总感觉精神上的贫乏让自己少一份底气。工作后，成为一名小学教师的那一刻，望着眼前几十个稚嫩而美好的一年级孩子，看着自己的一言一行对这群孩子产生的影响，我突然觉得自己太无知。

幸好，有书。

跟着雷夫《第56号教室的奇迹》，我找到了很多解决工作中问题的方法，找到了烦杂班主任事务中所应坚持的热爱与执着，更促使自己不断探索教育的真谛，与孩子共同成长。跟着于漪，我不仅学习怎样更好地教语文，也学习怎样更好地做老师。跟着松居直，我感受到了绘本的神奇力量，带领班级的一群孩子开展了一届又一届读书漂流活动。我们一起读经典绘本、国际大奖小说，我们一起分享好书，体验你追我赶读书的乐趣。

一路走来，我坚守着教育学、心理学书籍的同时，更热爱着文学、哲学、历史……渐渐地，工作和生活中的我都多了一份从容。"胜人者有力，自胜者强"，都说改变自己很难，可我在不知不觉中丰富着自己贫瘠的思想，改变着原生家庭深深印下的气质烙印，因为——读书的力量。

二、 一家人读·教养

无限相信书籍的力量，是我的教育信仰的真谛之一。

——苏霍姆林斯基

阅读是一种陪伴。对孩子来说，儿童时期的阅读和教育相关，一个没有阅读的家庭永远不会有真正的教育。由于深知阅读的重要性，自两个女儿相继出生，带着孩子沉浸于书籍的海洋里已成为我的一种默契与享受。呱呱坠地的小生命，伸展着自己的小手小脚，感受着生命的强大与世界的美好，此时怎么能缺少阅读的滋养呢？纵使女儿不认识字，我也会躺在她旁边给她读绘本，在阳光的照射下，我们一起感受阅读的魅力，她们的咿咿呀呀一定是在诉说着自己的喜欢吧。再大一点，她们会坐在我的怀里，用小手指指点点那一幅幅图画，一个个黑黑的"字点点"。大女儿读幼儿园中班时，我和爱人开始为她朗读《哈利波特》，历经了五百多个安静的夜晚和洒满阳光的午后，整整七本书全部朗读完，我们一起感受着哈利的勇敢和正义,一起因为邓布利多的离开、友谊的力量而落泪,一起对斯内普和伏地魔何以一步步形成最终的性格而畅谈到不想入睡……

阅读是彼此看见。 孩子的成长中会出现各种各样的问题,父母因其观念的不同常常与孩子有冲突,身为父母,如何更好地控制自己的情绪,少对女儿发火?作为二胎家庭,我对待姐姐和妹妹的态度合适吗,怎样才是更为合理的亲子关系模式?十岁孩子心理发展的特点是什么?冲突过后,我该如何与孩子沟通?种种问题,我都能在阅读中找到属于自己的答案。《每个孩子都需要被看见》让我懂得了,稳定的依恋关系引导孩子找到正确的成长方向,也更懂得信赖父母,因此当发生问题时,我要看到孩子行为背后的需求,了解她的想法。《正面管教》让我懂得,孩子只有在一种和善而坚定的气氛中,才能发展出自律、责任感、合作以及自己解决问题的能力,才能学会使他们受益终身的社会技能和生活技能,才能取得良好的学业成绩,所以我要努力做一个温柔而坚定的妈妈。

读书,已深深浸润到我们家庭教育的方方面面。

三、 一群人读·教育

独学而无友,则孤陋而寡闻。

——《礼记·学记》

教师,自古以来即是"读书人",也理应读书。如今,在手机碎片式信息爆炸的时代,高强度的工作节奏让很多教师疲于工作,怠于读书。可在德富路小学,阅读共同体的存在,"共读—共研—共享"的阅读模式,营造了学校浓浓的读书氛围,为教师的个人阅读提供了超强续航力,让阅读不再仅仅是个人行为,更成为一种力量,一种有深度有温度的教育力量。

学校阅读共同体主要围绕教育、教学两大模块,从理论提升和方法习得两个方面,精心选择教育经典书籍及时下教学热门书籍作为共读书目,以任务单的形式发布任务,教师根据任务单选择适合自己的任务展开阅读,最后以书界会的形式分享阅读成果,实现思维火花的碰撞,让"共读—共研—共享"的深度阅读真实发生,以此实现教师专业素养的提升。

共读习方法。"你所阅读的一切,就是你用以自学的精神财富的积累,这个积累越雄厚,就越容易学习。"如何让阅读的积累更有效、高效?在共读《如何阅读一本书》时,我对读书的四个阶段:基础阅读、检视阅读、分析阅读和主题阅读有了更深入的了解。书界会分享时,大家也都结合自己的阅读经验畅所欲言,纷纷表示认同:在阅读过程中,遇到难以理解的地方,可以先略过,继续往下读,在粗读中掌握主题思想和关键信息。提问和记笔记是与作者对话、深化理解内容的好方法。

共读钻教学。教师的主阵地是教学。针对时下热门的项目化学习,学校阅读共同体倡导深度阅读一系列项目化学习的书籍。首先,教师通过《项目化学习设计:学习素养视角下的国际与本土实践》学习项目化学习对学生学习素养的重要性,以及项目化设计的基本维度。后来,在共研《跨学科的项目化学习:"4+1"课程实践手册》后,全校教师开始尝试项目化案例的设计与实施,最终,艺术类学科走在了学校项目化课程的前沿,艺术组主持的"小策展人"项目化学习活动成功开展了"三兔共耳绘画展"。参与项目化活动的教师深深表示,活动实施进一步加深了自己对项目化学习的认知,这些经验也为后续德育项目化、各学科内项目化案例的设计和实施提供了方向。学校项目化活动开展得有质有量,成为区项目化学习领先校,这离不开阅读共同体创设的深度阅读的学习氛围,它让教师有读有思,边读边实践。实践能更好地促进思考,面对在实践中遇到的问题,教师需要及时丰富、更新自己的知识储备,因此,阅读共同体及时将《项目式学习教师手册》《50个工具玩转项目式学习》《跨学科学习:一种基于学科的设计、实施与评价》等书籍相继更新到共读书目中。教师切实把项目化学习学透、研透,才能及时跟上教育改革的步伐,成为一名与时俱进的教师。

共读省教育。教书育人是教师的天职,"教"是过程,"育"才是目的。怎样把学生的个体差异当作教育资源,利用合适的教育方法发掘学生的潜力和优势?怎样提高学生对学习的内驱力,正向强化其教育行为进而养成良好的学习习惯?怎样智慧地解决不同阶段出现的教育问题,让教育如春雨般细无声却铿锵有力?这都需要教师钻研教育,研究学生。在阅读共同体中,我们共读了教育家精神相关资料、《教育的情调》《心理抚养》等书籍,从一个个鲜活的案例中,我看到了教育的格局,享受着教育独有的小情调,也见识了教育中无时无刻不存在的智慧瞬间。在与伙伴们共研中,我被朱思敏老师与孩子温暖的小瞬间感动,心里常常告诉自己对班级里的学生要更有耐心;也折服于周蓥彬老师与家长沟通时的艺术,学着她多一些换位思考……

共读聚力量。教育始于家庭,家长的教育理念、教育方法、教养方式深深影响着孩子。作为教师,我明白最大的教育魅力在于不仅能影响学生,还能影响家长。优秀学校的教育应该是能引领家庭教育的深度和广度。学校阅读共同体充分意识到教师身上所承载的这一重任,通过班主任群体的共读,借助家长会及阅读节这一载体,将阅读的力量辐射到每一个家庭,带动家长在阅读中成长。考虑到家长职业及受教育水平的不同,最近一次家长会上,我为家长导读的两本书是《原生家庭》和《偷书贼》。每一个人的成长都是在认识原生家庭影响的基础上努力寻找自我的过程,处理好自己与原生家庭的关系也就达成了与自我的和解,更促进了亲子关系的高品质沟通。而《偷书贼》这部小说从小女孩的视角向我们展示第二次世界大战历史的同时更传递了人间美好的力量。家长会后,我在繁忙的日常工作中经常会收到家长跟我交流自己的购书计划和阅读感悟。看着眼前这群孩子的笑脸,我知道,这就是教育的幸福、这就是读书的力量——努力让自己发光,努力在平凡的教育日常中实现不平凡的意义,让教育的力量柔软而磅礴。

读书是跨越时空的力量,书香绵延幸福相伴。它让我在重塑精神世界的同时更好地启迪智慧,它让我在对话中实现与伟大心灵的近距离接触。泰戈尔说:"把自己活成一道光,因为你不知道,谁会借着你的光,走出了黑暗。"我想说:"把自己活成一道光,因为我知道,有好多孩子要借着我的光,找到自己的那束光。"因为,书香——正扑面而来。

(撰稿者:上海市嘉定区德富路小学　申恒苗)

第三章

让研究成为专业宣言

百人百性,每一个孩子都是独特的。对教师而言,面对每一个独特的儿童,他都要拿出最科学合理的方案。千课千样,每一堂课都不一样。对教师而言,面对每一堂课的独特情境,他都要有自己的有效应对方案。因此,教师的工作具有强大的挑战性,需要有强烈的研究意识,更要有付诸实践的能力。让研究成为一种习惯,是我们的专业宣言。教育即研究,旨在积蓄专业力;问题即课题,旨在增强实践力;教师即学者,旨在提升行动力;评价即改进,旨在点燃内驱力,从而让教师获得精神的富足。

当前,教师的学习逐渐从个体的学习走向共同体的学习。德富路小学从科研本身的需求出发,打破学科边界,以建设"教研同步 智慧同行"的研究型 TEAM(团队)为理念,建立了"慧师堂"科研共同体。学校以科研共同体为载体,开展立体交互式培养方式,助力教师建立科研的专业知识,提升教科研深度融合的能力,实现科研综合素养的全面突破,努力成为 4S 学术跨界型教师,即学有专长(specialty)、教有风格(style)的名师(superstar)和学者(scholar)。教师的工作具有强大的挑战性,需要有强烈的研究意识,更要有付诸实践与研究的能力。近些年来,学校通过科研共同体逐渐形成了"教育即研究""问题即课题""教师即学者""评价即改进"的专业宣言,让教师在研究中获得精神的富足。

一、 积蓄专业力:教育即研究

科研共同体与其他共同体在空间上立体交互,每个教师可以根据自己的需求加入不同的专业发展共同体,以实现互动与对话,以及对"全人素养"的不断追求与发展,提升教师的专业度、教育思维的成长度,为成为"研究型"教师奠定了坚实基础。

第一,与书界会交互,实现专业对话。在"双新"教育改革的浪潮下,大量反映教育改革动态和实践成果的教育类著作不断涌现,需要我们及时展开深入学习。书界会是学校全员参与的阅读分享会,它不仅能引导教师在阅读中与文本对话、与同伴对话、与自我对话,更为教师开展科研工作奠定理论基础和专业自信。

每学期,科研共同体会聚焦教育改革的热点,关注学生核心素养和教师关键能力提升,明确阅读主题,以任务驱动教师对相关书目进行阅读。同时,聘请市、区级教育专家到校指导,帮助教师掌握阅读策略,养成有效阅读、深度阅读的良好习惯。共同体通过持续性的阅读活动,坚持集中学习与自主学习相结合、精读与通读相结合、撰写体会与主题创作相结合,开展灵活多样的读书交流活动,实现了从读者到作者的内循环:在阅读过程中,教师与文本对话,理解专家著作的先进理念与观点,获得知识的重构与思维的启迪;在阅读交流会上,教师与同伴对话,在思维碰撞中产生新的认识与启发;在撰写与创作中,教师与自己对话,直面自己的教学经历和教育行为,进行自我认知的重构与自我反思的重建。

一书一世界。学校先后组织了项目化学习、超越自我的专业发展力、读懂"新课标"、数字赋能课堂等主题阅读,通过活动促进教师在与不同主体的对话中,深刻学习阅读体验,清晰表达自己的教育观和教学主张,厚积专业力。

第二,与研训交互,实现综合素养的阶梯成长。书界会是科研共同体的起步,"慧师堂"则是科研共同体的核心。通过先行调研我们发现,研究设计力、科研写作力、情报搜集力等科研素养的不足,是制约教师提升科研水平与专业发展的瓶颈问题。"慧师堂"科研共同体与师训活动交互,设计组织了相关研训课程,以帮助教师们突破以上瓶颈问题。

表 3-1 德富路小学科研研训课程列表

研训主题	研训内容	研训形式	研训课时
科研方法论基础	介绍科研的基本原则和方法,培养科研思维	专家讲座	6 课时
文献检索与分析技巧	高效检索和分析文献,为科研打下基础	专家讲座,实操练习	4 课时
研究设计入门	精准设计科研问题和研究方案	骨干论坛	2 课时
数据收集与管理	了解数据收集的方法和数据管理的重要性	骨干论坛	2 课时

研训主题	研训内容	研训形式	研训课时
科研写作技巧	学习论文写作的基本结构和范式	专家讲座，案例辅导	4 课时
	学习案例写作的范式与技巧	专家讲座，案例辅导	4 课时
跨学科研究方法	探索跨学科研究的方法和策略	专家讲座	2 课时
论文发表策略	了解论文发表的流程和策略	骨干论坛	2 课时
科研项目申请	撰写科研项目申请书，提高项目申请成功率	专家讲座，项目指导	4 课时
科研成果转化	探讨如何将科研成果转化为实际应用	参观学习，沙龙座谈	4 课时

科研共同体的研训课程不仅涵盖了基础的科研方法论，还包括了科研写作技巧、数据分析能力、跨学科研究方法以及科研工具和技术的运用，有效提升了教师的科研综合素养。同时，基于学校教师科研能力的区别，科研共同体分为科研骨干团队和科研优青团队。骨干成员带着在研课题进入团队，在专家的指导下提升在研课题的内涵发展和成果梳理，并作为骨干论坛的讲师向其他教师传授、分享自己对科研的认识，在此过程中也提高了自己对科研方式和流程的熟练程度。优青团队在专家指导下学会撰写研究综述、开题报告等科研要素，尝试开展校级课题研究以及区级课题的申报，在实践中积累经验。在研训的过程中，科研共同体打破了教师自身学科、年龄、部门、单位、地域、时空、身份、行业、文化等边界，让学习呈现互补型的跨界，让科研素养提升成为专业进步的标志，加速教师专业自觉，实现专业成长的学术互补。

二、 增强实践力：问题即课题

小课题研究指的是校级课题和专题的研究。它以"小、短、平、实"为原则，从教育教学的"小处"入手,选小题目,做深、做透,研究实实在在的问题,脚踏实地,"以小见大"。

第一,以小见大,获得路径感。每学期初,科研共同体鼓励每个学科、每个备课组都有课题,确保每个教师都参与各级课题的研究,让"问题即课题、教师即研究者、教学即研究、课堂即实验室"的理念深入人心。同时,规范小课题研究过程,以帮助教师获得课题研究的"路径感"。通过前期研训课程学习,教师能以实际需要为导向,以问题解决为目的,从实践中反思自己的教育理念、言论与行动,聚焦和研究自己的课堂与学生,在教育教学中及时发现问题,寻找工作中存在的困惑,并提炼、形成有价值的小课题研究方向。

小课题也按照区级课题标准管理,教师以书面形式提交申请,在教研组内进行陈述与答辩,经学校"小课题学术论证会"审核,方可立项,并在学校校园网、公众号进行公布。中期汇报主要以案例形式在教研组内交流研讨,结题报告以小论文形式呈现,并作为研究成果。全过程均有区内外科研专家跟踪式指导。学校科研评委组将根据不同级别以及案例评比、科研成果评比结果,给予表现突出者一定奖励。

学校已形成课题申请→课题立项→课题中期阶段→课题结题→课题资料归档阶段→课题经费奖励这一小课题管理流程。教师在做小课题的过程中,不仅提高了科研实践力,也获得了科研"路径感"。在严格的科研管理制度下,教师还提升了科研责任感。

第二,成果发布,听见"德研"声音。经过科研研训课程的学习与小课题的实践,许多教师从"科研小白"成长为"科研有心人",他们能从日常的教育教学中的小问题、小现象、小策略、小故事入手,提出自己的草根理论,形成自己的管理、教育、教学特色,撰写成教育案例、教学反思、教育叙事、研究论文等多种形式的科研成果。科研共同体刊发了《德馨物语》专刊、《德富校报》专栏,收录了教师的年度教科研成果和教学案例等,搭建起一线教师的"发声平台",打开了教师专业发展的精神空间,唤醒教师对教育的真实理解,让德富路小学的"草根研究"被更多人看见。

在信息化时代,学校网站、学校公众号也成为教师研究成果的宣传平台,课程教学部会定期发布教师科研赛事获奖喜报、优秀人物事迹展播,这也进一步促进了每一位教师从读者走向作者,从教书匠走向教育家型教师。

三、 提升行动力:教师即学者

教师科研意识的增强、科研能力的提升使学校形成浓厚的科研氛围,近 3 年学校成功立项嘉定区教育教学科学研究课题 10 个,其中区重点课题 2 个,学校获评 2022 年嘉定区科研成果先进单位。如何维稳"量"的增长,聚焦"质"的提升? 科研共同体结合"名师荟"学科共同体,开启教科研的深入融合行动,汇聚教育思维、增长教育才智,成为提高教师教科研能力的联合体。

第一,跨界交流,引导思维自觉。随着"新课程新教材"的推进,与之相适应的教学方式的转变也在进行中,这对教师专业发展提出了更高要求。科研共同体发挥其"跨界互补"优势,领导学科共同体以科研引领教研,组织开展专题教科研活动,以教研展示、论坛分享等多种形式进行不同学科、相同主题的研讨活动。在此过程中专家型教师的浸润式陪伴,使教师们获得了理论滋养,而这些理论又在课堂实践中产生了新的理解意义,从而焕发新生。在参与实践活动的体验、反思以及与环境的互动中实现教学行为的不断优化,每一个教师都会发现更完善、更多维的自我。

以项目化学习的实践研究为例,2023 学年,在区重点课题"项目化学习视域下指向创造力发展的小学童化定格动画教学策略研究"的引领下,艺术学科共同体基于课堂教学中的困扰进行主题教研,即为什么学生清晰了定格动画的制作技法,但还是做不出有美感、有灵气的作品? 为什么学生的动画动作只停留在简单的匀速移动,如同僵硬的"移动实验"? 通过对项目化学习、定格动画教学等理论的研究,美术教师发现动画的创作基础来源于生活经验,在教学实践中应引导学生关注生活,挖掘生活中的灵感,利用生活经验,将原本"不动"的物象如同真实存在般"动起来"。在与音乐、数学、自然等学科的联合教研与课堂实践中,教师探索出学科融合之道,有效突破学生定格动画制作难点的教学策略,推动了课题的深入研究。随后不久,依托科研共同体研修空间,艺术共同体、数学共同体、道德与法治共同体围绕"如何开发利用支持性工具,助力学科项目化学习有序、有效开展"一题,展了教科研一体的校本研修活动,各学科教师代表分别交流了不同支持性工具在不同学科项目学习中的运用、相同支持性工具在不同学科项目学习中的应用,以及在丰富的课例研究中提炼出的"基于需求选工具、基于学情改工具、素养导向创工具"的使用策略。道德与法治教师还针对"TAG 反馈表"在合作学习中的使用策略进行了课堂展示。跨学科的科研交流打开了教师课题研究思路,将课题研究推向了新高度。

第二,行动研究,激发专业自觉。教学研究力是教师专业发展的源动力。在日常教学中,各教研组聚焦高质量教学,开展系列主题教研活动,在 2022 年版课标指引下,以问题意识为导向,以行动研究为手段,以核心课题的研究为抓手,不断探索教研新样态,为教学高质量发展积蓄能量。科研共同体通过学科共同体平台和年度教师专业发展年会,提炼优秀教师的教学主张,发布学科教学与研究成果,打造名师团队。同时,通过年度教学节、学术节开展学术交流,汇编教科研成果,汇集名师的教学智慧,引领教师思维自觉。

同时,聚焦高质量研究的教研实践反馈促进了课题研究的深入和完善。4 项课题获得嘉定区第十届教育科研成果奖。区一般课题"指向思维品质培养的小学高年级英语项目式学习的实践研究"结题优秀,多项课题结题良好。近三年,学校还分别承办了语文、英语、体育三场"当教学遇上研究"嘉定区教科研系列活动,成为区域内深入教科研融合的典型学校。

四、点燃内驱力:评价即改进

在越来越多的青年教师科研意识"觉醒"、科研能力攀升,从"教书匠"华丽转身为"科研小将"时,我们也在思考:如何通过评价机制让学校"活"起来,让优质资源"动"起来,让新老教师"联"起来? 基于数字平台的评价方式,为我们打开了新思路。为了让每一个自我需求发展的教师驶入专业发展高速公路,我们将科研纳入各项考核机制中,凸显科研共同体的实效。

第一,精准定位,助力个性发展。 通过数字化评价,我们可以更加客观、有效地评估教师的科研能力和成果,从而激励他们不断提升自身水平。数字评价的使用不仅可以让学校管理更加科学化和精准化,也可以让教师在科研道路上更加清晰地定位和前行。

同时,教师作为教育工作者,其科研能力的提升对于提高教学质量、推动学校发展至关重要。数字评价方式的运用,让科研成果得以量化、可视化,让教师的努力和付出得到更加公正的认可和激励。通过数字平台的评价,教师可以更加直观地了解自己在科研领域的优势和不足,有针对性地进行专业发展规划和提升,从而实现个体的成长与整体的进步。

第二,优化资源配置,促进互动合作。 数字评价机制的建立,也可以促进学校内部资源的优化配置和共享。科研成果的数字化展示和评价,可以让教师更好地发现和利用学校内部的优质资源,推动教师之间的合作与交流。同时,数字化评价也可以为新老教师之间搭建沟通的桥梁,促进经验传承和共同成长。在科研共同体的建设中,数字平台的评价方式将起到重要的推动作用,让教师们共同成长、共同进步。

数字评价并非只是简单地对教师科研成果进行量化评估,更重要的是激发教师内在的学习动力和创新精神。通过数字化的评价方式,教师可以更清晰地了解自身在科研领域的定位和发展方向,进而激发内在的自我驱动力,持续学习和探索。数字化评价的透明性和客观性也可以帮助教师建立正确的自我认知,促使他们不断自我调整、自我完善,从而实现个体与整体的共同进步。

在德富路小学,教师们正以前所未有的热情投身于教育研究之中。他们不仅在教学中研究、在研究中教学、为教学而研究,更在这一过程中实现了自我超越和专业成长,形成了一种积极向上、勇于探索的教育文化。他们以"教育即研究""问题即课题""教师即学者""评价即改进"的专业宣言为指导,不断推动教育创新,实现自我价值。在这个过程中,教师们不仅在教育领域取得了显著成就,实现了自身的精神富足和专业成长,更为自己的职业生涯增添了无限可能。让研究成为一种习惯,这不仅是德富路小学教师的专业宣言,更是他们对教育事业的无限热爱和执着追求。

(撰稿者:上海市嘉定区德富路小学　朱思敏)

观点透视

当教学遇上研究

2019 年 6 月至 2024 年 6 月,在德富路小学工作的这五年,岁月流影,每一帧截图都透着努力的气息。我看到了奔跑的自己,看过去有着"无时无刻不感到艰难"的辛酸,但当时,沉浸其间的自己,并不觉得苦累。精神上,自我愉悦,这种愉悦感来自细碎的"小领悟""小幸福",来自孩子们身上的"小成长""小惊喜",来自或长或短或喜或悲的一段段文字……它们支撑起了我的精神世界。

一、 将棘手的事情做得清明——当教学遇上研究

教育家苏霍姆林斯基说,如果你想让教师的劳动能够给教师带来乐趣,使每天上课不至于变成一种单调无味的义务,那你就应当引导每位教师到从事研究这条幸福的道路上来。

有很长一段时间,我觉得自己的"灵感小爆发"才是真实的研究,才是快乐而

有意义的研究。比如我会让孩子们做英文小报，我会和孩子们一起读英文绘本故事……而课题研究则是一种文字的堆砌，是一种负担。"课题太虚于表面，也太有难度了"——正是这样的意识导致我做不下去。

但是，环境影响人，岗位磨砺人。在学校工作的这几年，我在实际教学过程中观察到学生英语思维能力的培养存在很多问题：多数学生仅限于使用课本上学过的单词和句型来表达思想；学生的思维层次较低，思维缺乏广度和深度；很多学生不能表达自己真实的想法。我反思自己的教学，发现大多数日常课主要关注语言知识和语言技能的教授和操练，学生缺乏思考的机会和实践；课堂内容以机械的重复和反复的操练为主，开放性、激发学生想象力和发散思维的问题偏少。小学生英语思维品质该如何提高？围绕思维品质，我可以做哪些研究？做课题的想法在我脑海里萌发了，带着以上问题，我积极参加了校科研共同体以及英语学科共同体。

恰巧，参加校科研共同体培训的一系列课程给了我灵感。或许现阶段的热点话题项目式学习可以和英语思维品质提升相融合，成为我的课题中的研究点。于是，我在知网上搜索了很多关于项目式学习的核心期刊以及硕博论文。我选取了项目式学习以及思维品质这两个点来展开我的课题申请书。课题申请书提交之后，学校又聘请了校科研共同体和学科共同体专家对课题进行精准指导。他们给我提出了很多宝贵的意见：课题名称研究对象不明，概念界定不清，细化研究计划及过程等。经过专家的两轮指导及调整，最终课题在 2021 年 6 月份立项。立项之后就是着手研究落地，撰写开题报告。最终经过多次调整，课题于2021 年 9 月份顺利开题。第一次的课题申报经历让我明白教师要关注身边的教育细节，在实践中找寻研究的话题。爱因斯坦说过，提出一个问题往往比解决一个问题更重要。因为，任何问题的解决都是从发现问题开始。我们一线教师的教育科研工作也是如此，发现问题是研究的第一步。发现问题是我们教育教学研究的出发点。作为一线教师，有机会接触到大量的原始案例、数据和材料，具备从事教学研究的有利条件。一线教师应该行动起来，去观察自己身边的人和事，去研究学生和课堂,成为科研的主体。扎根于教学实际的"草根科研"是写出好文章的基础和源泉。

二、 将有趣的事情做得深透——让教学成为研究

区级课题立项之后,我面临的第二个难题就是如何将科研与教学实际相融合,如何脚踏实地地开展课题的研究进程。教过小学英语五年级上册第四模块第一单元 Water 的老师都知道,这一单元围绕水在自然界中状态的话题展开,并且融合了很多其他学科的知识。如何引导学生在课堂中和生活中多观察、多思考和多探索? 如何从小水滴的旅程视角解读小水滴的蒸发、凝聚和降落,让学生的思维真正活起来、动起来? 我尝试将我的课题研究项目式学习在这一单元真正落地。一个人走会走得很快,但一群人走会走得很远。课题研究不是一个单打独斗就能做成的事情,因为一个人无法面面俱到,我们很多时候需要集合团队的力量来做好一个工作。课题组分工明确:优化本单元项目式学习教学设计;设计学生英语思维品质发展评价量表;在本单元项目式学习的试教过程中,校英语共同体聘请专家给我的课堂进行把关,提出意见并修改,经过几次的磨课,最终在2022年12月份我校举办的"当教学遇上研究——嘉定区小学英语五年级教学科研联合研讨活动"中进行课堂展示汇报。在这次课题研究过程中,我校科研共同体聘请的科研专家以及骨干教师的经验交流给我很多的启发。记得有一位专家说,"课题研究就是培养老师们的观察习惯、反思意识和解决问题的能力",这对我的触动很大。在之后的教育教学活动中,我也特别关注观察、反思和解决问题的习惯,我把自己的教学实践作为研究的"田野",在研究中发现问题。我以行动学习的方式,明晰在整理课题资料过程中的困惑,以个体反思和集体分析相结合的方式研究问题,同时借助专家和研究团队的力量研讨对策,这让我在课题研究中有了新成长。

一线教师的教育科研最终都要在课堂教学中进行,研究成果要在教学中得到

检验和应用。教学和科研相互依存，相得益彰，而不是截然分开的"两张皮"。实际上，教学活动就是不断探索、修改与完善的过程，已经有着一定的科研属性。《学记》说："知困，然后能自强也。""教"是进行中小学教育科研的前提。没有"教"的教育，科研是无源之水，无本之木。初次课题研究让我真切地感受到了研究的喜悦。课题研究并不似以往认为的那么虚浮可憎，而是可以真正助力教学的，课题研究可以从平常日子中萌生。

三、 将熟悉的事情做得出彩——我的课题研究收获

教师在教育教学中必须把问题当课题，将工作当学问，要时刻不离研究。这就需要我们在报刊中去寻找具有前瞻性的信息，因为只有垫高自己专业成长的起点，才能处于本学科领域的前沿。

在课题研究的过程中，我区开始推广高质量单元作业的设计。为何不将高质量作业设计和我的区级课题相结合呢？这个想法在我脑海里一闪而过。教师除了课堂教学，最熟悉的问题是什么？当然是作业问题了。作业最大的功能是什么？有一种流行的理念是，它是课堂的巩固和延伸，它是提高成绩的保证。其实这不是作业最大的功能，孩子需要作业，是因为作业是一种典型的自我调节的学习，孩子需要与各种干扰因素做斗争。我希望英语作业不再拘泥于现状，能在整齐划一的基础上多一些设计感，每月能有那么几次探究作业来激发孩子的思维，让孩子过程性地表达出各自的思考。因此，在研究过程中，我以项目式作业的设计为主题写了一篇小论文。在这项研究中，长周期项目式英语实践活动作业主要针对五年级学生，重在发展学生的思维能力，主要依据教材每个模块的主题设计项目式作业，让学生通过观察、实践、想象等多种感官协同作用，培养学生的英语核心素养。我结合教材进行了项目式英语作业的设计，一边设计一边尝试收集优秀的作业进行展示。实践有了理论的支撑，做的和想的就连通了。这一研究得到了一些同行的肯定，于是，研究的面也拓宽了。我校其他英语教师希望分析我的

研究成果,进行进一步的实践思考。这再次让我体会到借助课题研究自己熟悉的事情的美妙。

自从有了研究意识以后,我发现日常教学中有很多地方值得我们去探索和发现,参与研究可以帮助教师从所谓的"必然王国"逐步走向"自由王国",帮助教师从日常繁杂的教学工作中脱身而出,实现精神上的暂时超脱。

每名学生都是鲜活的个体,他们每天都在变化着,并带着自己特有的知识和能力走进我们的教育活动。如果教师不从专业教育媒体和教育经典这些值得信赖的"朋友"中吸取丰富的精神营养,充实教育人生,就很难实现教学相长,很难满足学生的需求。为了使自己成为一位学生喜欢并难以忘怀的教师,我们必须孜孜以求地学习,用如饥似渴地读书来填补自己知识的空白,并且做到标新立异,独树一帜,不断满足学生日益增长的学习需要。显然,教师只有成为研究者,才能源源不断地获得成长的动力源,才能更好地履行教育教学职责。每个人都想做最好的自己。人没有退路的时候,往往更能迸发创造力。

选择教育就是选择一份坚守,希望我们每一位教师坚守一份无止境的付出,坚守一个终其一生的教育信仰,钻研不止、探究不停,创造与创新更优质的教学,让学生成为学习的主人,让我们的课堂成为教师和学生知识、能力、思想、智慧共存共生的舞台,让我们与孩子们共同成长。做任何一项工作,如果用研究的心态来面对,就不会产生厌倦感。一个人把一件事坚持不懈地做好就是不简单。也就是说,要在追求卓越,拒绝平庸和超越自我的信念下,形成对教育的独特理解,把对教育事业的挚爱之情一点一滴地渗透在具体行动中。

(撰稿者:上海市嘉定区德富路小学　龙萍)

实践偶得

点·线·面·体的科研捷径

我很不会写文章。参加工作以后,时间流转飞快。年轻教师的时间总是被备课、日常教学、班级管理等一系列的工作安排得满满当当。忙碌的生活让我冒出了这样一个感觉:动笔写论文、参与科研的日子好像离我越来越远了。我意识到必须破解这个困点,于是我迈开了寻找科研捷径的步子!

一、墨点:抓住灵感顿现的瞬间

五月的一天,语文教研群里发了一则新的比赛消息。和往常的教学比赛不同,这是一场关于作业设计的比赛,但是要求体现高阶思维。什么是高阶思维?作业中高阶思维如何体现?

我立刻上网查阅相关资料,明确问题要点。高阶思维指向提升学生的创新能力、问题求解能力、决策能力和批判性思维能力。高阶思维作业与我们日常教学中布置的作业相比,更加凸显素养培育,更加重视能力的提升。构思时,我觉得可以从 2022 年版课标中的"发展型学习任务群"及"拓展型学习任务群"入手,设计出一份高质量的高阶思维作业。

初稿交上去之后,分管领导很快给出了详细的修改建议:情境设计比较贴近生活实际,但文化自信等核心素养最好能不着痕迹地贯穿于整个作业设计的情境中,潜移默化地影响学生。

三年级下册第三单元是传统文化单元,我从传统节日这个角度出发,结合学生生活实际,设计了学生招待外国友人来家中过端午节的情境。作业情境不仅贴合上海这一国际化大都市的背景,还能体现中国人热情好客的美好品质。可是,为什么"痕迹感"还是很重呢?什么样的作业才能潜移默化地渗透优秀传统文化呢?我的心里顿时灰蒙蒙一片,好像笼罩着一团疑云,挥之不去。

无计可施的我只好求助于我的学科带教师傅黄婷婷老师,希望她给我一些建议。她一针见血地指出我作业设计中的问题所在:细节粗糙。回顾初稿作业,我创设了德宝给外国友人写邀请函的情境。在"书写邀请函"这道题中,我将传统节日的时间打上了马赛克,让学生自主回忆、补全相应的内容,意在考查学生对于节日时间的认识水平。分管领导认为马赛克的形式过于生硬,希望我修改成更能体现中华文化内涵的样子。苦思冥想中,我灵光乍现:换成书法中的墨点!汉字书法作为优秀传统文化的代表之一,既贴合情境,又有利于传统文化的宣传展示。刹那间,一直盘踞心头的那团"乌云"就悄然消失了。

最终稿上传的几个月后,好消息传来。我的作业设计获得了区里高阶思维作业设计大赛的二等奖。后来,每每想到那个"墨点",我都会忍不住一阵感慨。小小的墨点,恰似教育教学中每一个灵感迸发的瞬间,抓住这个"墨点",就像抓住一个个灵感的瞬间。

二、 曲线:跨过构想中的坡度

有了一次比较成功的尝试之后,我又投入到繁忙的教育教学工作中去了。这时,学校科研领导找到我,向我抛出了撰写校级课题的橄榄枝。我能够胜任课题的研究任务吗?我在心里打了个"小九九"。我向分管的朱老师提出了我的困惑。朱老师耐心地向我解释:"课题就是要尝试、探索、研究、讨论或解决问题。从小问题出发,深挖小问题背后的教育教学困境,一个小课题就诞生了。"她的话让我想到了之前的那次作业设计比赛,我是不是能将我在设计作业时产生的困惑和课题结合起来,写一写呢?

刚确定了内容,课题的名称又让我犯了难。我最先拟定的课题题目是"小学高年段语文作业的设计"。拟定后我又把题目和想法跟黄老师说了一下。黄老师给我提出了很多建设性的建议。她认为我拟定的题目有好几处语义模糊的地方，比如小学"高年段"，何为高年段？"作业的设计"只有"设计"，不去实施的话，"设计"的意义在哪？这些问题都很难三言两语说清楚。另外，我的选题涉及的范围过大了，以小学三至五年级为例，每个年段都有十几个教学单元可以作为研究对象，这样一来"网"撒得太广了。而校级课题的研究范围一般而言都比较小，最好基于自身的实际情况展开问题研究。课题的选题最好不要范围太大太广，选题要有针对性，这样后续的研究才能水到渠成。

师傅的一席话，让我醍醐灌顶。贪多嚼不烂的故事早就耳熟能详，但实际操作时我还是容易陷入"贪"这个圈套。于是我又积极地向办公室其他申请过课题的前辈请教，推翻原来的想法，逐步缩小研究范围，精准定位研究内容，最终将课题定位为"小学语文综合性学习单元作业的设计与实施——以三下第三单元为例"。

开学后，课题申请书顺利通过学校的审核，成功立项成为校级课题。拿到校级课题开题通知的我如释重负，原来科研的路并不是一帆风顺的，可能有曲折，可能有低谷，但是无论路有多难，坚持做下去才能成功。

三、 多面：跨界学习成为多面手

有了成功的校级课题经验，我的科研心又蠢蠢欲动起来。恰逢一年一度的区级课题申请开放，在学校领导的大力支持和鼓励下我决定申请。鉴于之前的经验，确定课题方向前，我咨询了多位曾经成功结题完成区级课题的教师，听取他们的想法。在交谈中，我发现了一个很有趣的现象：老师们虽然不属于同一年级、同一学科，但是大家都不约而同地提到了一个词——"跨学科"。

跨学科指的是跨越学科之间的界限，把不同课程的各个方面组合起来，彼此创建起有意义的联系，以此帮助学生在更宽泛的领域中进行学习。由于语文是一个综合性较高的学科,在语文学习活动中设计跨学科活动,不仅符合学生身心发展特点,还能促进学生在语用实践中培养对应的核心素养能力。学生通过整合语文学习中涉及的传统文化、历史、道德与法治、美术等多学科相关知识,可以形成符合真实情境的问题解决的文化科学知识,促进语文实践中的素养提升。我理想中的优秀作业正是在学科本位的基础上,结合学生自身实际和真实学情,设计出集综合性、实践性、跨学科为一体的多面作业。

我仿佛又回到了一年半前作业设计比赛的那段时光。细致复盘后,我惊讶地发现,原来我在设计的时候也借鉴了跨学科的作业设计方法。定稿的作业与道德与法治学科相结合,巧妙地与三年级下册道德与法治第七课"请到我的家乡来"相结合,依托情境设计探究型作业,要求学生自主查询资料完善旅游手册,巧借"德宝"之口将祖国的美好河山和古代伟大先贤介绍给学生。与此同时,作业设计还将美术学科融入其中。学生自主完善的旅游手册中出现了龙舟、水墨画;明信片则呈现了传统文化要素"玉兔""月饼""灯笼""春联"等,这些都是将传统文化中的美传递给学生的尝试,旨在提高学生人文素养、道德情操和审美情趣。

跨学科与作业设计相结合,碰撞出的火花惊艳迷人。于是我决定在自己的课题中也融入跨学科的作业设计,打破学科间壁垒,切实提升学生语文素养。作业设计需要跨学科的支持,才能变得更加丰富多彩。其实,搞课题搞科研更是如此。搞科研的我们必须成为多面手,可以是独当一面、追求真理的科学家,也可以是扎扎实实、脚踏实地的实践家;可能是绘声绘色、言辞犀利的演说家,也可能是胸有成竹、落笔生花的画家。

四、 共同体:携手一起出发的同行者

回首过去五年的教研之路,从懵懂无知的"科研小白"到初出茅庐的科研新手,在同事们的鼓励下、师傅们的指导下、领导们的支持下,我努力地完成了个体成长的蜕变。如果有人问,科研给我带来了什么?那我一定能笑着回答他——科

研给我送来了四份礼物:旺盛的求知欲,勤恳的科研心,多元的学习法,合作的向上力。

越是认真地搞科研,你就越能感受到合作的重要性。个体虽然有较大的进步,但是对于科研而言,一个人的力量是远远不够的。你需要支持、鼓励,甚至是质疑、反对。因此,科研路上,找好、找对你的"同行者"至关重要。

去年,我有幸成为学科共同体的领衔人和科研共同体的成员,协同能力出众的成员们一起走向科研之路。学校大力支持学科共同体的发展,不仅为我们聘请名师专家作为领路人,还努力为青年教师们搭建展示平台,努力让"问题即课题、教师即研究者、教学即研究、课堂即实验室"的理念深入人心。

我深刻地记得在第一次共同体活动中专家曾说过的话:"希望你们勇于突破自我,陪伴学生'从未知走向已知',从而发现更多的未知。"我们学科共同体团队成员有学科背景多元化的优势,只要准确把握课程内涵,精准引领价值方向,不断创新教学方式,用好学校搭建的平台,就能促进个人与团队的同步成长。

接下来的一年,我们开展了丰富多彩、形式多样的共同体活动。我们一起深耕课堂教学,扎实课堂教学的每一步,见证了学科新教师曲折的成长之路;开展了无数次深入的科研讨论,与夏雪梅博士等诸位专家大咖一起感受学科融合的头脑风暴;参与了市、区、校级的学科相关培训,提升了学科教师们的教学能力和科研水平……

相信在我们的齐心协力之下,学校这片科研的沃土会绽放出更多艳丽的花朵,而"点·线·面·体"的科研捷径让我有了专业自信和潜入教科研深水区的勇气!

(撰稿者:上海市嘉定区德富路小学 杨培培)

现场纪实

与新课标的零距离之问

在这个飞速发展的时代,教育界的每一次变革都牵动着无数人的心弦。像是命运之手打了个响指,2020—2023年成为我国教育史册上不平凡的四年。我很久以前听过一句话:世界唯一不变的就是一直在"变"。而站在"变"的潮头之上的我们,困惑从未消失,探索和研究也从未停止。2022年版课标的推出,无疑是中国教育领域的一次重大突破。自2022年版课标诞生之初,其深远的影响和独特的魅力让我无法抗拒,我深知,必须保持和2022年版课标的零距离之问。

一、 初识新课标,向往亦迷茫

2022年颁布的义务教育英语课程标准是以核心素养为导向来探索主题育人意义的,其实相较于2022年版课标,我们与"核心素养"更早相识。时间的指针要拨回2020年,当时张校长具有前瞻性地为我校教师布置了一项暑期作业,即阅读余文森先生的《核心素养导向的课堂教学》一书并撰写读后感。接着,为了充分发挥教育科研对我校教师专业发展的推动作用,当年的10月30日我校"慧师堂"科研共同体正式启动,标志着我校"研、教、训"一体化教师专业发展培养模式正式拉开序幕。

第一个疑问是:如何来解读核心素养这个概念呢?我有幸被纳入科研共同体优青组,作为其中一员,更要加强学习和研究,树好示范,做学校教育科研的排头兵。在启动仪式上,我做了《核心素养之我见》的学习心得交流,正是余文森先生的这本书给了我思想启发和眼界拓展。至今令我记忆犹新的是,书中开篇导言赫然写着一句话:"基础教育改革正迈入核心素养的新时代!"我的神经明显兴奋地震动了一下,简单的一句话高度凝练和释放出了一个重要信号:以核心素养为导向的育人理念是现代乃至未来社会发展向基础教育和一线教师发出的召唤和引领,由此将会带来新一轮的课程改革、课堂教学变革和教育研究转向。

通过阅读学习,我吸取了很多新知识,但对核心素养及其今后在英语课堂中的落地也产生了很多困惑,比如,"核心素养导向的教学观重建"提出"基于立德树人的教学""基于课程意识和学科本质的教学""基于学生学习的教学",与以往的"思想品德教育""大课程观""以学习者为中心"等已有的理念和实践相比,"高位性"体现在哪些方面,为什么说是重建教学观? 更令人感到困惑的是,英语学科核心素养落实到课堂的过程中,小学低年段与中高年段的侧重点肯定是不同的,低年段的教学目标和活动如何与英语学科核心素养融合实施? 诸如此类的一个个问号,对"核心素养"的学习和思考,毫无疑问,为教师们接受、内化 2022 年版课标奠定了良好的基础。

第二个疑问是:如何来解读高位的育人目标呢? 我在阅读第一页"课程性质"时,当读到"学习和运用英语有助于学生了解不同文化""逐步形成跨文化沟通与交流意识和能力""涵养家国情怀,坚定文化自信"这些熟悉又陌生的字词组合时,我用笔勾画出来并在旁边写了一个"?"。如此高位、抽象的育人目标,在一门非母语的学科课堂上到底怎么能够实现呢? 这些目标的达成又是怎么测量评价的呢? 这时的我对于这些概念名词甚至对未来的英语课堂教学产生了好奇和疑问,隐隐地有些"畏难"心理。我们即将迎来"新教材",它又将会带来什么样的震动呢? 此外,信息技术领域的日新月异,尤其是 AI(人工智能)技术迅速发展并逐渐走进人们的学习生活,冲击着学校教育,作为教师的我们该何去何从?

二、 走进"新课标",欢喜亦无惧

鲁迅先生说过,"真的猛士敢于直面惨淡的人生"。勇敢并不意味着不害怕,而是在害怕中勇往直前。在 2022 年版课标落地的推进过程中，嘉定区教育学院的科研员、小学英语学科教研员以及学校的校长等各级专家和领导都很关心教师们对 2022 年版课标理念能理解多少、理解到什么程度。在单元整体教学设计和课堂实施中，教师们是否能准确地运用 2022 年版课标的教学建议，把 2022 年版课标要求和理念转化成教学实践中可视化的、可操作的、可推广的方法、策略和成果呢？在教科研中，教师们是否能挖掘到 2022 年版课标中具有研究价值的研究要素？

第三个疑问是：如何来理解优化单元设计呢？ 2022 年 4 月 30 日至 5 月 4 日，上海市教委通过在线腾讯会议组织了有关 2022 年版课标解读的专题培训，由张民生、崔允漷两位专家在云端向大家解读 2022 年版课标，接着不同专家分别以跨学科主题学习、项目化学习和作业设计与实施为主题介绍并分享了随着 2022 年版课标而来的新的学习方式。我们通过学习，从普适性的角度理解 2022 年版课标引领下的新课程理念背后的逻辑关联和内涵意义。2022 年 6 月 20 日，嘉定区教育学院特邀上海市小学英语教研专家祁承辉老师与我们相聚云端，以"精准课本解读，优化单元设计"为主题解读 2022 年版课标的新理念，通过探讨三个问题即"Where to go? How to get there? How to know whether to get there or not?"，并结合恰当的课例、案例带领大家主要从课程性质、课程目标、课程内容、课程实施等方面逐一进行详细解读和理解。聆听和学习了大咖们的高位解读后，我发现自己离 2022 年版课标理念的内核越来越近了，渐渐了解了这些理念背后的制定需求和育人意图，心里多了一份明了和欣喜。在一次英语校本教学研讨活动中，我们邀请到上海市青浦区教师进修学院英语教研员、资深英语专家杨建中老师来为我们解读解析 2022 年版课标与课堂接轨的实践探索。结合具体的课堂教学环节，杨老师提出主题设计要体现出整体育人的价值曲线，教师在进行教学设计时，要引导学生表述出 what、why 和 how。我开始注意到每个单元的"育人意义"统领了单课时的设计，单课时的育人意义都是源自单元的育人意义，并且 2022 年版课标里勾勒了"单元内容框架图"，也就是"单元育人蓝图"，这张图简直就是整个单元教学设计的"灵魂"！

第四个疑问是：如何让自己结合 2022 年版课标有科研的意识呢？通过各级各类的培训学习、思考融合，我逐渐走进 2022 年版课标里，越钻研越感到这本"蓝宝书"里真是"别有洞天"，很值得用心思、花时间学习和研究。在学校层面，先是搭建了"慧师堂"科研共同体，定期举行有关科研写作指导、课题申请指导的活动，让我在一次次专家讲座中对做课题有了更深的了解；并且科研共同体会精心为教师们准备寒暑假"充电式学习单"，购买教育教学和科研前沿的书籍，供教师们选读和撰写心得，在新学期初举行书界会，鼓励教师们分享学习收获。然后，在 2023年初学校为助力教师的专业发展，搭建了不同学科的共同体教师专业发展平台，在校领导的关心支持下，在前两届名师工作室发展的基础上，在青年教师的积极加入中，"悦读悦美"英语学科共同体成立，学校特聘原青浦区教师进修学院小学英语教研员、资深英语专家杨建中老师和长宁区教育学院英语教研员、资深英语专家朱虹老师担任英语共同体的专家，很荣幸我被选为共同体领衔人，这无疑给了我更高的学习平台，推动着我在教学和科研独立又交织的两条道路上继续前进着。

三、 再观"2022 年版课标"，笃定亦怦然

当我和 2022 年版课标保持了零距离学习和研究后，之前的很多疑问都迎刃而解，自己逐渐找到了答案。各学科 2022 年版课标都突出了"核心素养"的育人目标。华东师范大学崔允漷教授等主编的《新课程关键词》中对 2022 年版课标的 22个关键词进行了详细解读，第一个关键词就是"核心素养"，他告诉我们"核心素养"是怎么来的，教育追溯到原始社会、古今中外，"教育的理想是关注抽象的教育目的"，都是为面对"未来"能更好地生活而实施的育人活动。从我们的"教育理想"来看，教育是一种文化传承，其根本目的在于"文化育人"，教育的过程伴随着文化育人的过程，文化育人的功能主要体现为思维培养、人格塑造、价值养成和行

为规范等方面。

其实,专业成才与精神成人是相辅相成的,以文化人是成人成才的基本途径。教育部长怀进鹏强调:要从实效上提升文化自信,在遵循青少年思想特点和学生成长规律的基础上,加强文化育人,丰富文化实践,全方位构建落实立德树人的文化使命的战略格局。《义务教育英语课程标准(2022年版)》要求教师把落实立德树人作为英语教学的根本任务,英语课程要围绕核心素养实现课程育人目标。而核心素养的内涵中将文化意识放在重要地位,提出文化意识体现着核心素养的价值取向,通过培育文化意识,引导学生在学习和运用英语的过程中,"加深对中华文化的理解和认同,逐步树立国际视野,涵养家国情怀,坚定文化自信"。当读到英语2022年版课标里关于培育文化意识的目标定位时,我感受到国家对我们一代一代流传下来的优秀传统文化的保护和继续传承的决心,心中产生一种莫名的感动,而这也更加坚定了我作为一名外语教师对用英语讲好中国文化故事的信念。

2023年9月,学校邀请了嘉定区教育学院科研员马老师来指导我们申报区级课题,最初我打算研究有关语篇整体性教学,但这个方向貌似不够亮眼,经过马老师的点拨和建议,加上之前我对2022年版课标中文化意识内容的学习理解,我决定修改课题,就以"涵养家国情怀,坚定文化自信"为出发点,重新搜集梳理文献,最终在区科研员马老师和学校领导的指导与支持下,以"基于文化意识培养的小学英语跨文化教学的实践研究"为题,撰写申请书,经过几轮专家指导和修改,最终于2024年5月成功立项区级课题。

"研"途漫漫,始于脚下。作为一线教师,踏上科研之路,无疑是一段既充满挑战又饱含成长的旅程。不断学习2022年版课标,反复咀嚼,加深理解,用心实践和探究并将之落实到课堂中,我将一直带着问号,一路思索!

(撰稿者:上海市嘉定区德富路小学　赵佳佳)

人物镜像

笔触真实的研究心路

如果你想让教师的劳动能够给教师带来乐趣,使天天上课不至于变成一种单调乏味的义务,那你就应当引导每一位教师走上从事研究这条幸福的道路上来。

——苏霍姆林斯基

五年前,我从北京的一所师范学校毕业,心中怀揣着对教育事业的崇高理想与热情来到德富路小学工作。入校不久,我就收到了学校对新入职教师的一本赠书——《让教师成为科研高手》,随手翻阅便被"作为一名优秀的教师,需要对教育教学的不断改进和完善有所思考,要具备一定的研究意识和研究能力"这句话深深吸引。翻阅书中的案例,我突然意识到原来成为一名优秀教师不仅要站稳讲台,还要有意识地提升自身的科研能力。作为一名刚毕业的大学生,那时候的我对研究的理解仅仅停留在毕业论文的写作上,不过想要提升教育科研能力,成为优秀教师的种子深深埋在我的心中。多年后,时光洗尽铅华,这颗种子竟在"深耕—深思—深描—深构"的教育写作实践中悄悄开出了美丽的花朵。

一、 提笔——如何让你遇见我,在我最美丽的时刻

每年寒暑假,学校都会发给每位老师一本书让大家认真研读并撰写读后感。还记得我入职的第一年寒假学校发的书是佐藤学的《静悄悄的革命》。初读的时候,我觉得有些晦涩,虽然当时认真撰写了读后感,现在看来感悟并不深刻。而真正发生深刻感悟的是在此后的备课、上课中,书中的很多理念居然与实践呼应,这激发了我的思考与感触。我想这大概就是优秀的教育工作者写作的意义,将自己

的理念与经验记录下来，让更多的人实践、深思，从而让教育这件事变得更美好。于是，我决定给自己设定一个小目标，每学期至少要完整地阅读两本教育教学类书籍，认真反思并撰写教育教学类论文两篇。

目标看似简单，实践起来却很难。初入教坛，我要学的东西实在是太多，白天工作中与学生斗智斗勇，以及各种忙忙碌碌，下班后备课及与家长们的沟通反馈占去了大半时间，所以一开始我很难静下心，压根儿写不出什么文字。后来，我调整策略好好利用周末和假期，写作从实践＋反思着手，同时加入一些自己阅读时的感悟与思考，就这样一篇青涩的论文就完成了。我也知道这离真正的教育科研还有很大的距离，想要真正地走上教育科研之路，还得静下心沉淀。

二、 起笔——既然选择了远方，便只顾风雨兼程

对于论文写作这件事，一开始我是缺乏信心的。我也几度陷入自我怀疑的困境中："我能写好吗？我写的东西有人看吗？这样做真的有意义吗？"让我真正肯定自己的时机是我在学校举办的第一届书界会中荣获了一等奖。进行经验分享后我收获了同事和领导的赞许，我发现自己写出来的文章是有意义的，是能给周围人带来启发与思考的，这无疑给我的写作带来莫大的鼓励。所以每一届书界会我都加倍认真地撰写论文，每一次我都取得了很不错的成绩。更为重要的是，当我的文章印成铅字刊登在校报和校刊上时，我觉得为了认真撰写文章所付出的心血与汗水都是值得的，我的努力似乎也在此刻具象化了。还有一次，我在书界会获奖后上台分享我的论文，台下的教研员觉得非常不错，立刻决定给我一次在全区交流的机会，我突然感受到了认真写作带来的机遇。逐渐地，我对自己更加有了信心，也不局限于学校的小比赛了，我鼓起勇气关注起了区里、市里的各种征文比赛，例如"黄浦杯"长三角城市群征文、长三角家校合作论坛征文、教科研课堂情报综述征文……

三、 行笔——撑一支长篙，向研究更深处漫溯

认真努力是唯一的成长途径，共研并进是前行的最美际遇。一次，我参加区里安排的科研讲座。在讲座中我了解到了诸多关于教育前沿的学术观点，其中项目化学习吸引了我的注意。为了了解相关理论，我认真钻研，购买了诸多书籍翻阅，还查阅了论文几十篇。那时的我好像还没开窍，虽然勇敢地投稿了项目化学习相关的征文比赛，但终究因为实力欠佳没有取得名次，然而我没有因为这一次的失败而气馁，反而越战越勇。

机会终于来了，虽然我险些错过这场征文比赛。因为当时线上教学导致群消息很多，我差点儿错过了"温暖的教学"的征稿。在报名截止的那天，我才看到这个征文消息，我一下子被征文主题吸引了。征文基于教学改革的热点和难点，探索和阐述素质教育的理念和经验，提升教育品质。论文不仅要突出实践价值还要兼顾理论价值，同时要文风鲜活，做到视角新、观点新、措施新、文风活，展现出教学中的温暖。

因为有些写作灵感，我赶紧联系了学校负责这场征文比赛的袁老师。袁老师告诉我，虽然征文的写作指导讲座已经结束了，但是我只要在学校指定截稿日期前提交论文，还是能赶得上的。于是，我赶紧着手写。时间太紧急了，两天时间完成一篇新论文对于我来说难如登天。值得庆幸的是，我之前的积累在这时发挥了作用。我找出了之前的一篇论文，认真照着主题修改了几天后提交。也许是因为我的论文紧随教育热点，题目比较有吸引力，很快袁老师就告诉了我好消息：我的征文从十几篇文章中脱颖而出，获得了被推选到区里参加比赛的机会。我暗自庆幸，看来平时关注教育热点，认真积累素材、整理理论、记录教学反思等沉淀在关键时刻能发挥出巨大作用。

这是机遇更是挑战，想要获奖我还得大刀阔斧地对论文进行进一步修改。因此，压力也就随之而来。虽然初稿已经初具雏形，但还是需要进一步的精雕细琢。

好在这一阶段,学校请来了专家姜文晋老师为我的论文进行指导。以前我论文写作都是一个人摸索前行,很长一段时间我都不得要领,仿佛管中窥豹、盲人摸象。姜老师并没有因为我稚嫩的文笔而批评我,而是一上来就给予了我这位刚工作三年的年轻教师很多肯定与鼓励,还耐心地传授了我一些写作技巧和建议。

我根据姜老师的建议抓紧时间修改,我对文章中的每句话都反复推敲、琢磨,遇到拿不准的就赶紧去知网查询概念和定义,认真阅读相关文献。短短三天,我对文章进行了大改,可以说是在原有的论文上做了大的整容手术,最后一版和第一版相比,几乎是改头换面。这篇论文最终取得了嘉定区"温暖的教学"征文二等奖的好成绩,更为重要的是经历了这次征文比赛,我对一篇好论文也有了更深刻的认识。

这次经历让我积累了不少写作技巧与方法。首先,想要写好论文的第一步是要"破题",它决定了整篇论文的开端和读者对论文内容的第一印象。就拿这次的主题"温暖的教学"来说,重点就在"温暖"二字,这里的"温暖"是指能让人回归教学中心、凸显育人价值、彰显教育艺术魅力的做法或感受。我的选题是作业设计,那我便在题目中点明我研究的是"温馨作业",这样不但明确了论文的主题和要解决的问题,还有助于确定后续所要引出的核心内容和论点。其次,进一步地深挖论文内涵,让论文立体、有深度。这还需要平时教学中的留心观察和积累。在将自己的做法与策略予以总结的时候,还要注意每一个小标题之间要有递进和紧密的联系,文章的各部分也要有紧密的逻辑联系,不至于太松散,切忌只是经验式的泛泛而谈。几个大标题之间要有逻辑性,同时要艺术化一点。最后,在组织语言的时候也要考虑到如何让自己的文字更具备学术根基,我们可以多查阅一些相关文献,在这个话题中深耕,便会有更多的灵感,论文也会更加专业。种种写作方法让我受益无穷,更让我印象深刻的是好文章一定是反复推敲、精雕细琢地修改出来的。

四、 落笔——当我们跨越了一座高山，也就跨越了一个真实的自己

有了"温暖的教学"征文的获奖经历，我深受鼓舞，信心也增加了不少。与此同时，我意识到持续教育写作能让我保持对教育生活的敏感性、洞察力，帮助我跨越从经验到理论的台阶，将个人缄默知识转化为可以与他人交流的显性公共知识，使个体经验转化为可以被认识、被理解、被实践、被推广的专业成果。所以，"温暖的教学"征文比赛结束后的第二年，我又积极报名了"失败与创新"的征文比赛，有了上一次的比赛经验，这一次我的选题立意、谋篇布局、修辞表达也有了更大的进步，不出所料我又获奖了。有了这两次成功，我也对教育科研没有那么畏惧了，开始积极参与区级课题研究，在工作第四年成了区级青年课题的领衔人，真正走进教育科研的大门，不断探索与积累。我深感，自己的笔耕不辍让自己在五年工作中积累了不少荣誉与奖项，感谢认真写作的自己。除此之外，更要感谢"德富同行者"这个平台和校长的鼓励与支持，你们给予了我这个青年教师用于教育研究的诸多资源，不仅助力了我的个人成长，更是丰盈了我教育生涯的底色。

最后，我用自己的一首小诗表达心情，希望鼓励更多的"德富同行者"们一起加入科研写作的队伍，笔耕不辍地记录自己的教育生活。

教师笔下，理论如航，学术海洋，观点璀璨；选题点滴，实处起步，立意高远，深入发掘。

结构鲜明，逻辑通畅，每段每章，意义丰盈；形象生动，案例亲切，问题探索，洞察万里。

教育前沿，探索之旅，教师使命，不可懈怠；论文篇章，智慧闪耀，教与学间，相互成就。

（撰稿者：上海市嘉定区德富路小学　沈心鉴）

第四章

课堂是精神富足的空间

有人说，真正的富足，是精神的丰盈，生命的价值归根结底需要依靠内心世界的富足而实现，只有精神足够丰富，眼界足够宽广，我们才不会被一时的得失所困扰。教育的意义在于培养精神富足的人，使之内心足够强大，所向披靡，无坚不摧。课堂教学须给予儿童精神的满足，使之拥有从容淡然的力量，而不是把获得好成绩作为唯一的追求。因此，课堂是精神富足的空间，在这里，师生可以享受自己所创造的精神世界，收获真正的富足。

教育的意义在于培养精神富足的人,使之内心足够强大,所向披靡,无坚不摧。课堂教学须给予儿童精神的满足,使之拥有从容淡然的力量,而不是把获得好成绩作为唯一的追求。为此,我们建构"德富课堂",一个充满活力和希望的课堂。在课堂上,我们倡导尊重与平等,让学生在轻松自由的环境中畅所欲言;注重培养批判性思维和创新能力,鼓励学生独立思考,勇于质疑;关注学生的情感需求,通过丰富多彩的活动,让他们感受到成长的快乐……我们倡导每一位学生都能成为自己精神世界的探索者和创造者,通过不断的学习和思考,形成自己独特的价值观和人生观。

一、"德富课堂"的内涵意蕴

有人说,真正的富足,是精神的丰盈,生命的价值归根结底需要依靠内心世界的富足而实现,只有精神足够丰富,眼界足够宽广,我们才不会被一时的得失所困扰。我们以嘉定区"十四五教师专业发展学校"为契机,落实小学"学习品质"提升行动,立足课程、课堂、作业和评价,推进基于2022年版课标的"教学评一致性"链式研究,亮出"德富课堂"的模样。

1. 聚焦高质量研究,打造"德富课堂"。高质量的教学研究正逐渐成为推动教育发展的重要力量。为了深入探索高质量教学的内在规律,提升教学质量,我们精心组织并举办每一届教学节。教学节的举办不仅是对日常教学工作的简单回顾,还是学校深化教育教学改革、提升教育教学质量的重要载体。在教学节中,我们努力探索并构建德富小学的"教学模样",围绕品质课堂、深度教研和课程融合三大板块内容展开,旨在构建一个全面、深入的教学研究体系。关于品质课堂板块,作为区品质课堂项目联盟校,学校通过课程教学部积极将项目研究过程中的习得推广到课堂教学中,改进教学方式,进行课堂展示,并基于听评课系统做好数据收集与整理,借助信息化手段全面分析课堂行为,探索课堂新样态。关于深度教研板块,学校提倡不断深化教研主题,要求教研组借助深度教研工具,设计教研流程,收获教研成果,探索教研新样态。关于课程融合板块,学校以美术、音乐学科为先导,积极开拓课程研究新形势,创新育人方式,发展学生核心素养,探索课程新样态。学校通过教学节的开展,提供了一个深入探索高质量教学研究的平台。学校通过聚焦品质课堂、深度教研和课程融合三大板块内容,不仅提升了教学质量,还推动了教育教学的创新和发展。

2. 优化课堂教学模式,丰富"德富课堂"。学校倡导引领对课堂教学模式进行深入研究和精心设计,在现有的教学框架内,通过创新和实践,显著提高课堂教学的效率和质量。学校从多个维度出发,不断完善教学方法,提高教师的教学能力,同时注重学生的自主学习与合作探究能力的培养。课堂上,教师应具备敏锐的观察力和深厚的教学经验,准确把握教学重点与难点,通过针对性的讲解和示范,帮助学生理解和掌握关键知识。同时,教师还应注重培养学生的自主学习能力,为学生提供充分的自主学习时间,让他们在独立思考和解决问题的过程中,逐渐掌握有效的学习方法。为了充分发挥骨干教师的引领作用,校内研究课采用"多人一课"或"一人多课"的教研模式。这种模式有助于教师之间的交流和碰撞,促进教学经验的共享与提升。学校通过以主题带教研的方式,将教研活动做深、做透,实现教研结合,从而推动教学质量的整体提升。此外,为了更精准地了解各年级、各学科的教学情况,学校利用数据分析工具,对各学科的教学质量进行实时监控和评估。针对薄弱学科和差距过大的学科,学校组织质量会诊,深入剖析问题根源,提出针对性的整改措施,以实现各学科的均衡发展。优化课堂教学模式、提升教学质量是一个系统工程,需要从多个方面入手,不断完善和创新。只有这样,才能为学生的全面发展提供有力的保障,为培养具有创新精神和实践能力的新时代人才贡献力量。

3. 构建优质发展平台，提升"德富课堂"。为进一步加强教师队伍的分层培养与专业融合，建立全面科学的教师评价制度，学校成立"名师荟"教师专业发展共同体。本届学科共同体成立七大团队，分别是语文、数学、英语、体育、艺术、道德与法治、德育七个学科共同体。开展每月一次的日常研究交流活动，助力德富同行者教育教学能力的攀升。同时，在马陆镇骨干教师创造营、嘉定区第六届双名工作室的学习与交流中，也活跃着众多德富同行者优秀的身影。在2023年嘉定区中青年教师教学评优活动中，朱思敏、沈心鉴、钱晓斌三位教师分获一、二、三等奖的好成绩。他们以专业的态度，在学科专家、学校领导的悉心指导下，在学科团队的鼎力相助下，喜获佳绩。英语教研组、体育教研组荣获2023年嘉定区小学优秀教研组。范薇薇、王丽丽、朱思敏三位教师成为新一轮区学科中心组成员，引领学校及区域发展。

二、"德富课堂"的教研品牌

为了更好地推动"双新"导向下的学科联动项目，我们不断深化教研主题，精心设计教研流程，以期获得丰富的教研成果，并探索出一种全新的学科教研模式。在这个过程中，学校充分发挥学科间的互补优势，促进各学科之间的深度融合，以提高教育教学质量，培养学生的综合素质。

1. 教研活动凸显"实"和"创"。教研活动是学校教育教学工作的重要组成部分，它不仅有助于提升教师的教学水平，还能推动教学质量的整体提升。在2022年版课标的指引下，学校积极探索教研新样态，为教学高质量发展积蓄能量。学校举行了"聚焦高质量发展　探索教研新样态"的教研沙龙活动，邀请区优秀教研组英语组和体育组分享经验；开展"溯课标精研读　探教研新样态"的主题教研活动，邀请语文、数学、英语、体育、音乐、美术等学科的专家进行指导，同时鼓励其他学科的教师跨学科参加研讨学习。通过专家的引领和跨学科交流，更加深入地理解了 2022 年版课标的精神和要求,同时也拓宽了教研的思路和视野;开展"践行新课标理念　赋能高效课堂"课例剖析式教研活动,道德与法治、体育、自然、音乐和美术等各学科的专职及兼职教师全员参与,共同对课例进行深入剖析和研讨。通过课例剖析,更加清晰地看到了 2022 年版课标理念在教学实践中的具体应用和效果,也进一步明确了今后教研工作的方向和重点。在每一次教研活动中,教师们都积极探索适合本校学生学情的真实情景下互动式、启发式、探究式、体验式"成长课堂"教学模式。教师们通过设计丰富多样的教学活动和情境,激发学生的学习兴趣和积极性,促进学生的全面发展和成长。同时,教师们在活动中也相互学习、相互借鉴,不断提升自己的教学水平和教研能力。

2. 教研平台搭建"多"和"广"。教研平台的搭建是提升教育质量和教师素养的重要途径。近年来,我们在教研平台的建设上力求实现"多"和"广"的目标,不仅多次举办各级各类教学展示交流活动,还邀请众多优秀的德富同行者参与其中,共同推进教育教学的改革与发展。2024 年学校成功承办了各级各类、不同学科的多场教学研讨活动,充分展现了学校的活跃度和影响力。2024 年 3 月 12 日,承办了单元学习任务统摄下的语文学习活动设计——嘉定区一年级语文教材教法研讨活动。此次活动不仅为教师们提供了一个交流学习的平台,还促进了教学经验的共享和教学方法的创新。3 月 21 日,成功举办了聚焦艺术融合力　提升育人生长力——嘉定区小学音乐教研活动,本次活动不仅促进了教学经验的交流,更引发了教师们心灵的共鸣和创意的闪现。4 月 2 日下午,承办了以"理解概念本质　关注量感培育"为主题的嘉定区五年级数学教研活动,本次教研活动不仅是一次教学实践的展示,更是一次教育理念的交流。5 月 28 日下午,开展了"同课异构新课堂　区域互动新教研"嘉定·黄浦体育工作室交流研讨活动,这次活动旨在通过同课异构的教学模式,探索体育教学的创新与发展,实现体育教育的科学化、专业化和精准化。6 月 3 日,成功举办嘉定区义务教育"双新"实施研修入校研讨活动(小学场)。6 月 4 日下午,承办了嘉定区小学道德与法治项目化学习专题教研活动。活动的开展也展现了学校思政教师在项目化学习中的思考与实践。6

月 6 日,承办了主题为"基于文化自信 探究主题意义 践行学科育人"的嘉定区小学英语三年级教学研讨暨区作业资源建设项目展示活动。此次研讨活动是在"双新"背景下基于素养导向探究单元主题育人意义的一次有效尝试,是小学英语作业资源构建在新形势下的迭代更新与优化完善。

学校通过举办各类教学展示交流活动、组织跨区域的研修活动、注重学科之间的融合与交流以及积极组织教师参与各类培训和学习活动等方式,不仅提升了教师的专业素养和教学水平,还为学生提供了更加优质的教育资源和教学环境。

三、"德富课堂"的思维品质

高质量作业的设计与实施已成为提升学生学习效果、培养高阶思维能力的关键环节。学校作为嘉定区作业项目基地校之一,以"减负与提质"为目标,在作业设计、作业讲评和作业辅导方面已先行开展了多次学习与深入研究,提升课堂品质,优化作业设计。

1. 深入新一轮作业品质项目研究。学校作为嘉定区小学"品质课堂"研究行动深化阶段的项目校,开展指向高阶思维提升的作业讲评课实践研究,构建各学科讲评课的基本模式及相关变式。在这一过程中,学校特别强调作业讲评与高阶思维能力提升之间的有机结合。学校希望通过这种结合,让学生在完成日常作业的同时,不仅能够有效地复习和巩固已学到的知识,更能够通过实践锻炼和提升他们的分析、评价、创新等高阶思维能力。学校五年级数学备课组参与区数学校本作业的编制,在专家指导下,已多次开展项目研讨活动。这些研讨活动旨在通过对作业编制的研究,进一步优化教学内容和方法,使之更加贴合学生的实际学习情况,从而更有效地促进学生的高阶思维能力的发展。通过这样的实践活动,学校不仅提高了教学质量,也为学生提供了更多发展思维能力的机会,帮助他们更好地适应未来社会的发展需求。

2. 将作业研究融入三级教研,进行精准设计。在作业设计方面,学校注重精准性、系统性和有效性。将作业研究融入"三级"教研中,从单元大教研到每两周一次的学科教研,再到每日的备课组微教研,层层递进,确保作业设计的精准性。在单元大教研中,教师通读整单元教材,细化作业进度,系统规划作业内容,实现一课一案。这样的设计方式有助于教师从宏观上把握作业的整体结构和难度梯度,使作业设计更具科学性和合理性。此外,每两周一次的学科教研也起到了关键作用。在此阶段,教师会对年级学情进行深入分析,将作业设计由周细化到日,具体落实每日作业设计。同时,还会总结上周作业情况,及时查漏补缺,确保学生在完成作业的过程中能够逐步提升自己的学习能力。每日的备课组微教研则是作业设计的最后一环。在这一环节中,教师们会针对班级学情的实际情况,沟通设计适合班级的有效作业。通过这一环节的调整和完善,作业设计更加贴近学生的实际需求,有助于激发学生的学习兴趣和积极性。

总之,课堂是精神富足的空间,在这里,师生可以享受自己所创造的精神世界,收获真正的富足。"德富课堂"的理念,正是要我们深入挖掘并珍视这一空间的独特价值。在"德富课堂"中,师生们可以共同探索知识的奥秘、追求精神的富足、享受成长的快乐。我们期待着每一位师生都能在这里找到自己的位置、实现自己的梦想、创造美好的未来。

(撰稿者:上海市嘉定区德富路小学　赵晓磊)

观点透视

全素养研修赋能教师升格

在嘉定区打造有质量、有温度、充满创新活力的品质教育行动下,我们集聚全体教工智慧,营造"吾爱德富"共同价值观,积极创建一所兼具文化力、合作力、创新力的优质学校。打造"德富同行者"教师专业发展共同体,构筑与嘉定品质教育相匹配的发展愿景,提升学校内涵发展的软实力,促进师生共同成长。德富同行(hang),众人拾柴。德富同行(xing),同舟共济。

"德富同行者"专业发展可以为每一个教师提供直抵心灵的专业陪伴,给每一颗心灵温暖与力量!聚焦核心素养的"新质量时代",积极打开工作新思路,实践教研新探索,抓实教师新行动,寻找教师成长的基因(DNA)。D——Different,别样;N——New,创新;A——Action,行动。我们培育教师核心DNA——发现,不一样的……发现不一样的学习,培育每一项技能;发现不一样的团队,成就每一个教师;发现不一样的自己,激活每一个细胞。注入成长DNA,成就合格的"德富同行者"。

一、 确立研修主题,培植教师专业成长的愿景

在教师专业发展领域,校本研修被认为是一种重要的途径,它旨在通过校内资源和环境促进教师的持续成长。学校构建"主题式"校本教研模式,以"常态式校本教研""参与式校本教研""联动式校本教研"等教研模式,变教研自上而下为自下而上,变被动教研为主动教研,变单一教研为多元教研。学校将学科教研和校本研修有机结合,从学校工作重点的确定到课程教学部教研主题的确定,再到各教研组、备课组子主题的确定,逐层推进和落实研修课程。

《义务教育课程标准(2022年版)》的出台,在课程理念、目标、内容、教学途径、课程评价等方面进行了一系列变化。强调学生核心素养的培养,要求教师不仅要传授知识,更要关注学生的全面发展和个性化成长。教师需要重新审视原有的实施策略,如课程内容的选择浅层化、课程目标的内涵窄化、作业设计的作用缺失化等问题均不利于学科核心素养的培养及"教—学—评"一体化的建构。因此,课程教学部以"探'教—学—评'一体化 促育人方式变革"为主题,立足课程建设,丰富课程内容,落实小学"学习品质"提升行动,立足课程、课堂、作业和评价,推进基

于新课标的"教—学—评"一体化链式研究,亮出德富路小学"教学的模样"。

首先,明确研修目标。确立以学生学习成果为中心的研修目标,关注教师教学技能的提升和教学方法的创新。目标要具体化、可测量、近期可达成,后面的评价对应目标要求。其次,制订课程实施计划。课程教学部围绕主题,制定研修活动单元主题、研修形式、负责人、学时和培训日期。其中单元主题可以作为一个大的框架,框架内具体内容由各教研组和备课组根据学科特点进行细化。再次,制定课程评价。课程评价应该根据课程目标和内容进行设计,反馈教师研修成果,为研修赋分提供依据。

二、 构建培训课程,丰富经历促学习深度

在教师培训中,我们坚持以提升师德修养和教学能力为第一要务,科学合理制定教师师训培训课程,从师德、教学、育德、科研等方面培养见习教师能力,提升德富教师的岗位胜任力,构建"五位一体"的师训课程,以丰富教师的经历。

第一,职业感悟与师德修养课程。通过书目阅读、讲座培训、主题论坛等,提升新教师职业认同感,树立正确的职业观、师生观。上海市德育正高级教师蒋雯琼老师曾为我们开设了主题为"做一个幸福的班主任"的专题讲座。她用生动的案例剖析激发大家对班主任工作的情感和价值认同,提升了教师的职业认同感。

第二,课堂经历与教学实践课程。通过理论学习和课堂观摩与实践,通识学科本体知识,熟悉教学五环节管理常规。2022 年 11 月,区骨干教师刘伟伟、黄婷婷、潘艳分别为教师做了主题为"基于素养,让我们的作业设计充满智慧""聚焦常规 提升质量"和"基于语境理论的小学生英语文本理解能力培养研究"讲座。讲座更新了大家的 2022 年版课标理念,提升了教学能力。教师还参与了"读'懂'新课标"主题论坛活动,学员们进一步学习了 2022 年版课标理念,在研读中实践,在实践中反思。同时,新教师见习基地学员和青蓝学员定期听导师的家常课、公开课,一起交流研讨。此外,新教师还积极参与学校"名师荟"教师专业发展共同体

每月一次的活动,在专业研修中不断提升素养,助力教育教学能力的攀升。

第三,班级工作与育德课程。教师们通过理论学习和跟岗实训,学会制订班主任工作计划、主题班会、学生谈心、家长会召开、评语撰写等。全体教师参加了德富路小学一年级入学适应期"'4S'进阶适应 快乐成长看得见"阶段性成果展示活动,对如何更有效地促进一年级学生身心适应、生活适应、社会适应、学习适应有了更清晰的认识,对如何开展低年段学生教育和教学活动学到了更多的方法。教师们还围绕学生心理健康问题开展了一次主题为"智慧启迪心灵 温度呵护童心"的研讨活动,共同探讨学生心理问题的形成原因和处理方法,解决了如何处理学生心理问题的一些困惑。

第四,科研与专业发展课程。学校通过讲座培训和实践操作,培养教师教学科研意识,学习教育科研的基本方法,学习案例、教育叙事、论文等常用教育科研文体撰写。教师们参与了嘉定区教育学院主办的"当教学遇上研究"教学科研联合研讨活动。教学与科研的完美邂逅,让教师们提高了教科研综合实践和操作能力,更实现了科研共同体的跨界学习。教师们还参与了"指向素养培育 关注多元融合"主题教科研活动。教学与科研相结合,理论与实践相促进,拓宽了教师教学新思路。

第五,综合素养课程。学校通过实践操作与以赛促练的方式,培养教师三笔字、普通话、演讲、信息技术运用等方面的技能,提升综合素养。基地邀请多位书法教师为教师进行系统化、专业化的软笔和硬笔书法培训,夯实教师基本功。随着人工智能技术、大数据等信息技术理念扑面而来,新时代背景下的教师必须紧跟时代步伐,不断提升信息素养,促进信息技术与教育教学深度融合。全体教师还定期参与信息素养提升专题培训。

三、 完善考核机制,提升专业突破的瓶颈

如今,随着信息技术的更新,学校逐步打造专属的教师专业发展平台,用数字

化的平台来记载每一位教师个性化的专业发展轨迹。学校也期待通过大数据的分析更精准地把脉整个学校的教师专业发展趋势，更好地为每一位教师设计专业发展的个人路线。根据已建构的评价框架，成立由外聘专家、学校管理层、教师代表组成的学校评价改革委员会，不断完善评价方案，补充框架中的评价内容和评价指标的具体内涵。明确评价细则、评价对象、流程等，并进行赋分，让整个评价体系体现科学严谨、公平公正、多元融合，更重要的是体现人文关怀和专业信任。

学校根据评价指标完成对教师年度工作的定量评价，评价结果一般用于绩效考核、年度评优，同时作为教师职称晋升的重要参考。用数据量化体现了评价的刚性，具有极强的说服力。而在评价的过程中，如果实现"刚柔并济"，评价就会让校园治理更加和谐共生。学校从常规中辟"新路径"，形成特有的评价文化，发现新评价的增值点。

第一，实现师德评价众筹制。高尚的师德是学校文化自觉中不可或缺的重要元素，校园中需要宣扬高尚、无私、忘我的那些平凡事迹。"深德"是仁爱，"仁心"是教育心，德富路小学"深德仁心"人物榜应运而生。春夏秋冬评选名为"教学质量先锋奖""全员育人芳馨奖""德艺众长达人奖""品质服务奉献奖"的四季人物。一个个鲜活的人物因平凡而伟大，因务实而真实，深得人心。"深德仁心"人物作为园丁奖、君远奖推荐的参考依据。

第二，实现业务评价专项制。学校在每一学年的教师节隆重推出"蒲公英专业奖"，从教学质量、科研课题、课堂教学、德育管理、行政管理、岗位服务、竞技才艺等各方面评选出积分的优胜者，设立了"教学质量奖""教育科研奖""课堂教学奖""竞技辅导奖""品质管理奖"等。"蒲公英专业奖"作为教师职称晋升的重要参考依据。

第三，实现专业评价项目制。随着"十四五"规划启动，我们发布了"绿色指标质量专题分析与学业质量提升行动""探究作业的品质与减负增效行动""构建小学主题式综合课程实践"等内涵发展项目。由项目领衔者招募团队成员，组成有项目执行者、协助者、参与者等成员的团队。每一年度针对通过的项目报告和项目成果及展示,由相关专家进行项目评价。项目专业评价结果作为骨干教师、学科带头人评选的重要依据,这也激发了团队合作力和研究力。

基于对"德富"品质的不懈追求,我们已构筑了一个充满活力的"德富同行者"教育生态系圈。通过设定明确的研修目标,引领教师朝着既定的专业发展路径迈进,确保每一次学习都能精准对接教学变革。教师研究能力的提升使得每一位教师都能在教学实践中不断探索与突破,而学习共同体的建立更是搭建了一个知识共享、智慧碰撞的平台,促进了教师之间的协同进步。这一系列措施的实施不仅提升了教师的专业素养,更为学校的持续发展注入了源源不断的活力,让全素养研修赋能教师升格。

(撰稿者:上海市嘉定区德富路小学　葛莹)

实践偶得

让团队走得更远

教研组是学校教育教学活动的关键组织,负责促进教师学术交流、推动教学改革和提升教学质量。通过教研组,教师能深入讨论教学问题,激发创新思维,引领教学改革。同时,教研组建设有助于构建高素质教师队伍,形成独特教学风格,进一步提升学校教育教学质量和核心竞争力。德富路小学英语教研组是一支表现出色的教研团队,不管是教研品质还是学生学业质量,都在全区闻名。我们重视教研组建设,致力于培养教研组成员的综合素质。我们深知,只有不断致力于教研组建设,提升教研品质,才能更好地完成教育教学任务,培养学生核心素养。因此,我们打造团队 TEAM 精神内涵,追求卓越品质,力求成为不一样的 TEAM。

一、 T——Together we strive forward 全员参与，守正创新

教研组以骨干教师为舵，引领教研方向；以成熟教师为桨，助推队伍成长；以青年教师为帆，努力奋发前行。我们借鉴区名师工作室经验，成立校名师工作室，采用"1＋1＋1"，即每月一次实践课、一次专家讲座、一次反思报告为青年教师搭建发展平台。每一期的优秀成员成为下一届领衔人，逐步形成青蓝共长的阶梯式教研团队。

1. 搭建平台、团结合作，打造青蓝共长模式的教研团队。学校借鉴区教研室成立区名师工作室这一优秀经验，成立了校英语学科共同体："悦读悦美"英语学科共同体。共同体以组内青年教师为核心成员，提供每月一次实践课机会、一次专家指导、一次主题讲座。这些活动使得他们获得了常规化、主题化、系列化的学习。在青年教师为主要生力军，经验教师为助力的模式下，组员呈阶梯式成长，青年教师成长迅速，第一期的学员朱叶成为第二期的领衔人，第二期的优秀学员赵佳佳也成为最新一届的领衔人，我们逐步形成了青蓝共长的阶梯式教研团队。

2. 分工架构、发挥所长，展示名师骨干辐射引领作用。组内教师依据各自特色，各有分工。组内有三名区骨干教师，他们都是区名师工作室的成员，他们通过骨干展示课为青年教师引导方向落实课堂。组内还有四名区历届学科新星，他们是团队培养的中坚力量，他们深入职初教师日常课堂悉心指导他们的教学第一秀。组内剩下的为青年教师，他们语言基础好，教学基本功扎实，教学能力出色，在区教学新秀中多次荣获一等奖。组内新进的职初教师也毫不逊色，他们勤奋努力，好问上进，多名教师获区优秀见习教师称号，并已在区、镇、校级平台上进行展示交流。

通过分工架构，我们逐步形成了名优教师引领、经验教师支撑、青年教师奋进的阶梯式教研团队。

二、E——Enlighten everyone as we can 彰显个性，发现亮点

教师是教研活动的主体，为打破传统教研教师参与面不广的惯性，挖掘组内每位教师的特色与亮点，提高教师在教研中的有效参与度，我们开展了主题式校本研修。

1. 求实创新，开展"主题式"校本研修。学校为我们搭建了"阅读共同体""学科共同体""科研共同体"等不同的专业发展平台，助力教师从普通教学者向教学研究者转型、从经验型教师向研究型教师转型。德小英语教研组借助三大共同体平台，以主题式教研为主、案例式教研和反思式教研兼修的校本研修模式，践行"请进来""走出去"的研修思路，以专家为引领、名师为支撑，教研组全员参与，内外兼修，开展深度教研研修活动。

其一，基于学校教研主题导向，制定"主题式"校本研修规划。每学期开学之初在教研组计划中制定"主题式"校本研修规划。依据教导处教研主题导向，教研组制定英语学科教研主题，并通过征集教师们真问题的方式，聚焦制定每次教研活动的主题，确保每次教研活动具有主题性和实效性。

其二，基于"三环节"，丰富"主题式"校本研修活动内容。"主题式"校本研修主要包含三个环节：**第一环节**：独立备课，启动个人智慧田；**第二环节**：集体研讨，融入同伴智慧；**第三环节**：课堂观察报告，汇聚集体智慧，专家点拨，实践反思。主题式校本教研与传统教研在以下方面有所更迭，听课教师的任务也随之发生变化。在听课中他们将以填写课堂观察量表的形式，从"目标""内容""评价"三个维度对授课教师的课堂教学进行精准观察、量化分析和观察报告。

通过主题式校本研修，我们打造了"一课三反"的教研模式：独立备课—试教反思—备课组教研—试教反思—教研组教研—教学展示—案例反思，并在过程中开发了特色教研工具：课堂评价量表。在"一课三反"的每一环节中，我们都利用评价量表从目标设定、教师行为、学生行为三方面进行课堂观察。近几年，在我校

承办的多次区级活动中，"主题式"校本研修提升了全组教师的学科教学专业素养。青年教师专业成长迅速，先后在校、区乃至市级的各类教学、教研活动中取得了优异成果，德富路小学学生的英语成绩也在全区名列前茅，在全区各初中优秀毕业生中也占比较大。（如表 4-1 所示）

表 4-1　德富路小学英语教研组"一课三反"教研模式实施路径

德富路小学近三年英语主题校本研修			
学期	主题	模式	创新之处
2021-1	有效设计 精准指导 关注学生英语阅读技能提升	一课三反： 独立备课 ↓ 试教反思 ↓ 备课组教研 ↓ 试教反思 ↓ 教研组教研 ↓ 教学展示 ↓ 案例反思	开发教研工具： 课堂评价量表 （从目标设定、教师行为、学生行为三方面进行课堂观察）
2021-2	基于语境理论 设计有效活动 提升学生文本理解能力		
2022-1	基于标准 创设语境 提升学生文本理解能力		
2022-2	构建主题资源浸润情感体验		
2023-1	聚焦学科融合 深化主题意义 提升学生思维		
2023-2	基于文化意识 探究主题育人意义		

2. 落实新课标要求，践行学思行一体的英语学习活动观。2022 年教育部颁布了《义务教育英语课程标准（2022 年版）》，英语组迅速结合校本研修，深入研究2022 年版课标的具体内容。我们借助"双周主题教研活动"使 1—5 年级的英语教师站在年级的层面，"纵向"感受各年级知识的衔接。此外，我们借助"每周备课组研讨活动"加大了教师"横向"教研的力度。同时，我们利用每周一次的教研课，具体探讨"双新"背景下在英语课堂中落实英语学习活动观的可行性方案。尤其是在"双新"背景下第三届"名师荟"英语学科共同体成立以来，教研组与时俱进，在合作、对话、交流、互动、反省和慎思的共同体研修模式中，引进优质的专家导师资源，制定以落实 2022 年版课标要求为核心的研修主题，通过专家主题讲座、教师

课堂实践与反思、课题研究成果分享交流等活动,引导教师内外兼修,获得专业发展的幸福感和活力值。

三、 A——Achieve success as we grow 以研促教,收获成长

我们在教学上追求质量,在教研上追求效能,以研促教,打造教科研相长的团队发展之路。我们教研组以校本教研为依托,以教科研为先导,以课题研究为引领,以落实课堂教学为抓手,以课堂效率的提高为突破,以师生的发展为出发点和落脚点,不断探索教育教学规律,提高科研质量,增强教科研工作的实效性。

1. 营造教研组科研氛围,团队科研力蓬勃发展。创造良好的科研氛围,是教科研工作开展的基础。为提高教师从事科研活动的积极性,提高教师的教育科研能力,我们积极组织组内教师参加"慧师堂"科研共同体以及"悦读悦美"英语共同体的各项活动,组织教师参加 2022 年版课标培训及教育理论的系统学习,进行系统的科研培训,使教师由"经验型"向"科研型"转轨。经过不懈努力,我组教师的科研力蓬勃发展。近三年,我组教师每年申请区级课题,立项成功率百分百,甚至有过同时立项两个课题的辉煌成绩。近年来我组拥有区级一般课题四项(如表 4-2 所示)。

表 4-2 德富路小学英语教研组课题研究统计表

课题立项时间	课题名称	级别
2021.09	基于语境理论的小学生英语文本理解能力培养研究	区级一般课题
2021.09	指向思维品质培养的小学高年级英语项目式学习的实践研究	区级一般课题
2023.05	基于学习活动观的小学英语主题单元整体教学的设计与实施	区级一般课题
2024.05	基于文化意识培养的小学英语跨文化教学的实践研究	区级一般课题

2. 组织教科研培训,加快教师向"科研型"转轨。为了提高教师从事科研活动的积极性,提高教师的教育科研能力,通过"请进来,走出去"的方式,我们通过"慧师堂"科研共同体以及"悦读悦美"英语共同体组织教师参加 2022 年版课标培训及教育理论的系统学习,组织了教研组成员进行有系统的科研培训,使教师由"经验型"向"科研型"转轨。

3. 加强理论学习,教师学习力与时俱进。教师如果不学习,教研活动就会成"无本之木,无源之水"。为提升组内教师的学科认识,我们组织教师学习了《义务教育英语课程标准(2022 年版)》及一些最前沿的英语教学理论书籍。我们要求每位教师每学期学习一本教育理论专著,并写下自己的读书心得体会,引导教师运用现代教育理论指导教育实践。在每学期读书心得评比中,德富路小学获奖人数和一等奖占比很高。同时我们结合校本研修,深入研究 2022 年版课标。借助"人人秀课堂"机会"纵向"感受各年级知识的衔接,"周一备课组活动"加大教师"横向"教研的力度。利用"双周大教研"活动,通过专家主题讲座、教师课堂实践反思、课题研究成果交流等,具体探讨"双新"背景下在英语课堂中落实英语学习活动观的可行性方案。

四、 M——Try best to gain more 势如破竹,共创未来

近些年,全组教师获市级奖项 8 个,区级奖项 15 个,进行区级公开课 10 节,参与区级交流 21 次,主持区级课题 4 项,校级课题 5 项,论文发表 14 篇,论文获奖 8 篇。点滴成绩离不开组员们的辛勤努力,更离不开区教研室、我校领导以及其他学校优秀教师专家的引领。但是成绩只代表过去,我们还有很多路要走。接下来我们将以此为开端,分阶段、有主题、有目标地将"双新"背景下英语教学评一体实施落实到校本研修中,力争进一步提升全组教师对教学的理性认识,以科研引领课堂,培养一支理念新、科研力强、求实创新的团队,并争取推广成果,发挥辐射引领作用。

"Together Everyone Achieves More!"集思共研,团队合作让每一位成员快速成长。"Everyone achieves more together!"笃行致远,每一位成员凝心聚力,让团队走得更远!

(撰稿者:上海市嘉定区德富路小学 潘艳)

现场纪实

让评价有温度

作为一名教育工作者,我们时常在教育评价的问题上感到困惑:究竟何种评价方式能够更精准地契合学生的需求与发展? 一次期末考查的经历,促使我对教育评价的理念进行了深入的反思与探索。

一、 让人头疼的"D故事"

在一次四年级数学期末学业考查后,数学老师一边发放考卷,一边注意到三个数学考不及格的孩子,他们竟然有着同一个反应:迅速地把试卷翻过来,反面朝上。背后的原因不言自明:试卷正面上批着不及格的等第D。在后来的试卷讲评中,他们三个仍被眼前这难堪的等第所困扰,有着一个很明显的动作细节,就是始终用手或书遮住等第所在位置。在试卷讲评的过程中,他们低着头,一言不发,根本谈不上举手发言。到试卷订正环节,考得好的同学总是早早订正好给老师批阅,而他们三个迟迟不来,对老师避而不见。老师找到他们询问"为什么不订正考卷",他们说"不会订正……"。放学后,等第为D的孩子也许还要经历请父母给试卷签名带来的痛苦。

总之,每一次考试都给等第为 D 的孩子带来一次"折磨"。在一次"折磨"后,下一次考试,也许他们仍然是 D。如此往复的"折磨",使孩子的心灵备受摧残,甚至可能会产生"考试恐惧症",或者厌学。试想一下,老师是否常常和孩子在学校一遍一遍地重复着这样让人头疼的"D 故事"!

二、 化解"D 故事"背后的僵局

看完上述"D 故事",我们不仅要问:"我们的学业考查到底是为了什么?"是为了让这些本该享受花样年华的孩子痛苦吗? 是为了让这些本该有着强烈学习欲望的小学生厌学吗? 显然,这些都不是我们学业考查的初衷,可是因为现有的期末考查,案例中所描述的故事却屡屡上演。怎么办? 取消考查,肯定不行。因为在所有的评价手段中,虽然考试饱受诟病,但就目前看来,考试是一个相对比较科学、比较公平的评价手段。那么"D 故事"背后的僵局究竟如何化解呢?

我们需要适度、合理的期末考查,但不需要期末考查所带来的一系列负面影响,或者说不良影响。因为这些不良影响伤害了孩子们的自尊,挫伤了孩子们学习的积极性,更为严重的是影响了孩子的心理健康,以致严重制约了一部分孩子的成长与发展。

然而,既然有了考试,就很有可能会在某些孩子身上重复上述的故事,似乎这是无法避免的。一言以蔽之:考试所带来的负面影响是与考试相伴相生的。要解决这样的僵局,我以为有必要认真分析考查评价的目的到底是什么。考试作为一种评价手段,它的目的无非是人才的筛选、学习成果的诊断、学业的促进、教师的考核等。就小学生来说,期末考查作为人才的筛选显然不太适用,因为他们的成长道路还很漫长;学习成果的诊断,是老师的责任;教师的考核,是学校领导的责任;跟孩子最密切相关的考试目的就是学业的促进。可是上述故事中所反映的现实情况是考查并没有促进孩子学业的发展,而是背道而驰,甚至还严重影响孩子的身心健康。

2020 年 10 月,中共中央、国务院印发了《深化新时代教育评价改革总体方案》,其中改革学校评价一项指出,"健全学校内部质量保障制度,坚决克服重智育轻德育、重分数轻素质等片面办学行为,促进学生身心健康、全面发展"。显然,那一个个让人头疼的"D 故事",我们不能再让它重复上演了!因此,我们认为有必要改良学校一贯的学业质量考查方式。要让学业考查的目的既促进孩子的学业发展,又能够尽可能地消除考查对孩子带来的负面影响,从而促进孩子身心健康、全面发展。

三、 温暖"D先生"的创意评价

既然需要适度的考查来诊断和促进孩子学业的发展,那么问题的要害是我们能否消除考查带给孩子的负面影响,也就是我们是否能探索出一个既能促进孩子学业发展又能温暖"D 先生"心灵的创意评价?

第一,创意来源。日本同中国有着相似的东方文化传统,也曾有过应试教育的梦魇,曾经出现在全社会的考试压力和中国非常相像,很多学生由于经不起考试的压力而抑郁,出于对这种应试教育的反省,日本引入了一种"宽松教育"。所谓"宽松教育",它的举措是使学生减负,减轻考试压力,其中最有意思的是考试可以让学生自己选择。比如考试结束后,如果你得 80 分的话,对成绩不满意,第二天你可以跟老师讲想再考一次,老师会把同样的考卷给你,也许在第二次考查中你会得 90 分,如果还不满意,第三天你可以再考同样的考卷,直到考到满意为止,最后取最高的分数登记本次考查的成绩。

我们暂且不去讨论日本"宽松教育"的可行性(因为目前日本的教育界又对"宽松教育"开始反思),而是关注他们对考试评价的做法是否有必要引起我们思考。既然我们的考试评价目的是为了促进孩子学业的发展,那么"宽松教育"的做法不正是把考试当成促进孩子的学业发展的一种手段吗?而且孩子也不再因为考试感到痛苦,因为一次考不好还有下一次。受到这样的启发,我决定尝试创新期末考查评价方案。

第二，创意方案。在这里，为了把创意方案说得更清楚，我认为有必要通过叙事的方式来介绍该创意方案。某一次期末考查过后，我没有向全班同学一一报各自的考查成绩（每个人获得的等第成绩），只是表扬了一些考得较好的孩子和有进步的孩子，然后就悄悄地把试卷一一发给孩子们，并安慰考得不好的孩子，不要气馁，不要灰心，你们还有机会把自己考得不满意的成绩变得满意！听完这些话，孩子都瞪大眼睛看着眼前的老师，似乎不敢相信。我示意孩子认真听好，然后宣布自己的考查新方案：一、考卷上做错的题，在老师讲评时只要你们大胆提问、认真倾听，把原来考卷不会的题搞明白了，并根据自己的理解用详细的过程写出来证明自己确实懂了，考卷被扣的分数还可以加回来，那么你的考查成绩等第可以升级。二、当面讲给老师听，或当"小老师"讲给几个学生听，大家觉得你真懂了，那么你考卷上做错的题还有机会被老师改成对的，你的等第成绩同样会升级。三、凡是对自己考查成绩等第不满意的都可以申请升级，原来考查成绩是 D、C、B 分别可能升级成 C、B、A，甚至原来成绩是 A 的同学还可以升级为 A＋（A＋为满分成绩）。补充说明一下：考得不理想的孩子还可以向老师申请同样题型、同样水平的试卷再考一次。四、最后取你们自己最满意的考查等第到老师处作为最终的成绩登记。

在这个过程中，孩子成绩的等第不是一成不变的，而是可以随着自己考查后的成长与收获不断升级，孩子的心灵因此得到了保护。我们姑且把这一考查评价称为温暖孩子心灵的"等第进阶式评价"。

第三，实践效果。该方案我实践了将近三年，其效果究竟如何？下面就从以下三个方面来谈谈其实践效果。

首先，还给了孩子一个快乐的童年。我的班级自从实施了这样的评价方案，大部分孩子再也不怕考试了。因为他们知道，自己还有很多机会，如果一次考不好，还有机会继续考，通过努力可以把自己的等第不断升级，这对孩子来说，是一件激动人心的事情！班里有一个性格内向的小女孩，悄悄地给我写了一张纸条：

"老师您好，以前我很怕考试，现在我很开心，再也不担心我的数学成绩了。因为只要我很认真地把考卷上不懂的题目搞懂了，我的数学每次都可以考到 A。"

其次，激发了孩子"真学习"的欲望。何谓"真学习"，就是真正把原先不明白的问题搞明白，大有一种"打破砂锅问到底"的学习精神，它区别于"假学习"，"假学习"只满足于死记硬背，不求理解为什么，抄好答案应付老师。显然"真学习"必须基于两个基本特征："主动"和"理解"。我第一次实施该考查评价方案时，就发现孩子的学习欲望真正被激发出来了。试卷讲评时，原来几个从不举手的同学开始举手了，鼓足勇气说出自己哪一道题还不懂，希望老师再讲一遍。原来他只要正确答案，满足抄答案订正；现在不一样了，"D、C、B、A 先生"都想要升级自己的等第，就要真真切切把不会的问题搞明白。一节课下来，孩子们争先恐后地提问，十分渴望把卷子上不懂的问题搞懂，有些孩子上课没听太透彻，下课了急忙找其他同学帮忙，这难道还不是一种"真学习"的状态吗！

第三，促进了"D 先生"的成绩进步。班级里有一位小王同学，他由于数学基础较差，学习习惯也不好，之前数学成绩等第总是 D，自己对数学学科的学习也没什么信心。我找他谈话，他甚至直言不讳地说："我不喜欢数学，数学太难了。"然而，自从实施了等第进阶式评价后，他每次数学考查总能够拿到等第 C。有意思的是小家伙很机灵，虽然他还不能完全"吃透"整张试卷，但他总试图尽自己最大的能力把不会的题搞明白，有时还专挑一些分值较大的题讲给我听，争取把试卷上不懂的题搞懂，从而使自己的等第不断升级。在后来的一次期末考查中，出乎我的意料：他竟然第一次考到 B，进步非常大。

作为教育工作者，我们不仅是知识的传递者，更是教育理念的探索者。在陪伴孩子们成长的过程中，我们致力于让教育充满温暖与关怀，成为有温度的评价者，以更加人性化的方式，对孩子们的学习成果进行全面、客观的评价，共同为孩子们营造一个更加温暖、有爱的教育环境。

（撰稿者：上海市嘉定区德富路小学　刘伟伟）

人物镜像

成长是不停歇的旅程

泰戈尔说:"果实的事业是尊贵的,花的事业是甜美的;但是让我做叶的事业吧,叶是谦逊地、专心地垂着绿荫的。"带着对绿叶精神的追求,对教师的崇拜,对教育事业的憧憬与热爱,我义无反顾地选择了教师这一职业。时光荏苒,岁月无声,不知不觉我已在讲台站了八年。八年来我恪尽职守,甘于奉献,用激情与责任诠释青年教师在平凡工作岗位上的担当与成长。

一、 追光者,青出于蓝胜于蓝

2015 年的夏天,我走进了德富路小学,怀着激动和不安的心情,踏上了三尺讲台。初登讲台,面对新的环境,面对新的角色,面对一大群刚从幼儿园升入小学的一年级新生,我有的只是来自书本的理论知识,课堂教学经验甚少,有太多的东西需要学习,就像蹒跚学步的孩童,急需大人的指点。对于新教师面临的难题,学校搭建了良好的平台,为独自在新手村摸索的我带来一束光,而我,也成为一名追光者,追随着那些优秀的教师前辈和专家名师,从他们身上汲取教育智慧和教学经验,不断提升自己的专业素养和教育能力。

1. 初出茅庐:"青蓝工程"促成长。陶行知先生曾经说过:"要想做好教师,最好的方法就是和好教师做朋友。"入职第一年,我有幸成为"青蓝工程"的一员,在这个专为新手教师搭建的成长平台里,我得到了与资深教师交流学习的机会,这让我在教育这条道路上不再感到孤单和迷茫。

在"青蓝工程"项目引领下,我有幸与经验丰富的赵老师结为师徒。为了促使我成长得更快,每周两节徒弟学习课和一节师傅指导课是我们的日常。师傅每一次来听我的随堂课,都会认真记录,课后与我细致交流,大到课堂的整体教学设计,小到每一个细节的处理,都为我提供了宝贵的意见和建议,将自己的教学经验毫无保留地传授给我。在师傅一年的指导下,我的教学基本功得到了很大的提高,能够自信地站在讲台上,用生动有趣的方式传授知识,课堂教学变得得心应手。我深知,这一切都离不开师傅的悉心指导和耐心帮助,他就像那束指引我前行的光,让我在教育的道路上更加坚定和自信。

2. 进阶提升:"名师荟"团队协作促发展。"一个人可以走得很快,而一群人可以走得更远。"学校为优秀青年教师搭建了"名师荟"学科共同体平台,这是一个汇聚教育思维、增长教育才智、提高教科研能力的实践联合体。

我有幸连续两届参与了数学学科共同体的学习。共同体的小伙伴们是一批优秀的数学教师,他们每个人都有自己独特的教学风格和教学方法,这对于正在成长期的我是一次绝佳的学习机会。充实自己的教学技能宝库,提高自己的临场调控能力,为我站"优"讲台"添砖加瓦"。学校聘请了资深的数学教学专家担任共同体的导师,定期为我们进行课堂教学"诊断"和专家讲座"传经送宝"。在教学研讨活动中,我们与专家导师面对面交流,共同探讨教学中的困惑和问题,导师们会为我们提供专业的指导和建议,让我们受益匪浅。在专家讲座中,导师们会与我们分享许多实用的教学方法和策略,为我们带来新的教学理念和思路。

不同的平台为不同时期的我提供了丰富的学习资源,丰盈了我的教学智慧,提升了我的教学技能。在学习中,我努力内化,充实自己,在专业成长的道路上一步一个脚印,扎实有力。我将继续做一名追光者,不断学习,提升自己,在不断追逐光的幸福教育路上奔跑着,奔向更大的平台。

二、 前行者,失败乃成功之母

冰心曾说:"成功的花,人们只惊羡她现时的明艳!然而当初她的芽儿,浸透了奋斗的泪泉,洒遍了牺牲的血雨。"每个人的成长之路都是漫长而艰辛的,而我的成长之路就犹如一朵小花成长的历程,虽经风雨洗礼但日趋苗壮。

1. 孵化实践:区新秀评比首摘果实。在经历"名师荟"的扎实学习后,我迎来了我的首次区级教学评比。在比赛中,我需要与来自各个学校的优秀教师同台竞技,他们丰富的教学经验和独特的教学方法让我倍感压力。好在我有共同体的专家导师、教研组的资深教师和一群有爱的小伙伴,这个实力雄厚又底气十足的"后援团",以及我通过学习磨砺提升的教学"软实力"。这些增强了我不断进取、力争上游的动力,也提供给我勇攀高峰的勇气和决心。

顺利进入决赛后,我们马上启动了"专业护航"的备赛机制。师傅赵老师和教研组长刘老师参与整个磨课过程,针对每一次的试教,他们都会给出许多专业的建议,从教学设计的适切性到课堂评价的多样性,从教案格式的规范性到教学用具的标准性,事无巨细地对我进行指导。共同体专家导师更是无处不在的专业保障,他们不仅为我提供了许多宝贵的教学资源,还帮助我解决了许多教学中的难题。在他们的帮助下,我的课堂逐渐显现了自己的教学风格和特色。他们不仅是我教学路上的引路人,更是我精神上的支柱,让我在困难和挫折面前始终保持着坚韧和毅力。回顾整个磨课过程,我深深感受到了成长和进步的力量。每一次的试教、每一次的反思、每一次的改进都让我更加接近一个优秀的教育工作者。我感谢赵老师、刘老师和共同体专家导师们的辛勤付出和无私奉献,也感谢这个充满挑战和机遇的磨课过程让我不断成长和进步。

世界不曾偏爱一个不劳而获的人,也不会辜负每一个努力的人。终于,努力得到了回报,我获得了区教学新秀评比二等奖。我深知,这个荣誉的背后是整个教学团队、专家团队的智慧结晶,他们是我奋力备赛的底气。这次比赛是我作为共同体成员所学的缩影,在此之后我荣获了学校第七届教学节青年教师课堂教学评比一等奖;2020年4月荣获嘉定区"停课不停教,停课不停学"优质视频资源评比一等奖;2022年11月荣获嘉定区小学高阶思维作业题征集评选二等奖……

这一次次的磨练和挑战让我逐渐成为一名更加成熟和自信的小学数学教师,

我将继续以一名前行者的姿态，不断提高自己的教学能力，在教育的道路上走得更远。

2. 深化蜕变：笔耕不辍融教学成果。作为教师，我们不仅要不断学习和更新知识，还要通过笔耕不辍来深化自身的教学成果，从而为学生提供更优质的教育服务。

我深知自己在这方面较为薄弱，因此积极参与了学校"慧师堂"科研共同体的学习。我利用课余时间阅读教育教学刊物，进行理论学习，提升自己的理论素养和教科研水平。此外，我主动从专家讲座的点点滴滴中获取科研的精华，慢慢提升自己的科研能力。"纸上得来终觉浅，绝知此事要躬行"，无论理论再怎么丰富，都不如自己亲身参与获得的。因此，我从身边的教育教学入手，选择适当的研究范围和方向，进行论文的撰写和专题的研究。在一次次的锻炼中，我的科研能力在慢慢提升。2018 年我作为课题主持人申请了校级小课题"数学文化在小学数学教学中的渗透"；2018 年我撰写的《在生活中学习数学——"几分之一"教学案例与反思》发表于《德馨印首》一书；2019 年我主持了校级课题"'知识勾连法'在小学数学中高年级教学中的运用研究"；2023 年作为课题组核心成员，我参与了区一般课题的研究与实践……

成绩的获得更让我坚定地在专业的道路上坚韧前行，因为无论处于专业成长的哪一步，都有学校专业团队的支撑与鼓励，让我放心做一个大步向前的前行者。

三、 迎风者，风雨之后见彩虹

学海无涯，艺无止境。青年教师不能满足于自己的一点点成就而裹足不前，向下扎根——不断沉淀自己，静下来学习；向上生长——持续地努力，走出舒适圈，去迎接更多新的挑战。

1. 成长出新：镇级平台展风采。在自己的努力积淀和不懈努力下，我拥有了另一个身份——马陆镇数学创造营营员，这也意味着我又能和更多优秀的数学教师们一起学习,分享经验,共同前行。成为马陆镇数学创造营营员的这一刻,我心中充满了期待和激动。这是一个新的起点,也是一段新的旅程。在马陆镇数学创造营的学习中,我积极参与每一次的讨论交流。我们共同探讨数学教学的最新理念和方法,分享各自的教学经验和心得。每一次碰撞和交流都让我受益匪浅。我意识到,数学教育不仅是传授知识,还是培养学生思维能力和创新精神的过程。同时,我也积极向其他老师请教和学习。他们的教学风格和方式各不相同,但都有着共同的目标——让学生爱上数学,享受数学带来的乐趣。我从中汲取了许多宝贵的经验和启示,也找到了自己在教学中的不足和需要改进的地方。感谢这个平台给我带来的机会和成长。我相信,在未来的日子里,我会继续努力学习和探索,为数学教育事业贡献自己的力量。

2. 成长迭代:区级平台拓追求。2024年初,我有幸成为嘉定区第六届数学双名工作室的一名正式成员。这不仅仅是一个简单的身份认证,更是对我多年来在教学和科研方面所付出努力的双重肯定。在参与双名工作室的活动中,我有机会接触到一些更为前沿、先进的教育理念和教学方法。这些新的理念和方法为我提供了全新的视角,让我对数学教学有了更为深入的理解和认识。在专家的引领下,我不断地拓宽自己的教育视野,提升自己的教育能力,这使我在教学工作中能够更好地应对各种挑战。同时,我也积极参与工作室组织的各项活动,如教学研讨、课题研究、教学观摩等。这些活动不仅让我在教学理论和实践方面得到了丰富的收获,更让我深刻地感受到了专家引领和团队合作的力量和魅力。通过与团队成员的互动和交流,我明白了团队协作的重要性,也学会了如何在团队中发挥自己的优势,共同为提升教育质量做出贡献。

在专家的引领和团队的支持下,我不断提升自己的教学和科研能力,以一名迎风者的姿态,乘风破浪,勇往直前,努力为成为一名更加优秀的小学数学教师积淀能量。

教育之路漫漫,成长之路缓缓。八年的教师生涯,虽时间不长,但其中的经历与成长丰富而深刻,有欢笑也有泪水,每一步都充满了成长与收获。在教师成长的旅程中,我将继续如同追逐风月般不懈前行,即使前路艰难重重,也不会停下成长的脚步。展望未来,我将秉持初心,行而不辍,不断进取,在学校各专业发展共同体的引领下,以坚韧不拔的精神,勇往直前,向着更高的目标进发。

（撰稿者:上海市嘉定区德富路小学　戴汪健）

第五章

丰富儿童的精神世界

教育是服务人的个性全面发展的,人的解放、自由、超越、完善应是教育的核心内涵。教育即解放,教育是自由探索,是精神启蒙,是心灵丰富。灌输和控制不是教育的本义,指示和命令不是教育的内涵。真正的教育一定是心灵的解放和精神的富足,一定是向儿童提供多种多样的、可供选择的价值系统和学习经历,培养他们开放的思想与宽容的品质,培养他们对世界的独立判断与自主选择的能力。

联合国教科文组织在《学会生存》中提出"教育即解放"的观点："人类发展的目的在于使人日臻完善；使他的人格丰富多彩，表达方式复杂多样；使他作为一个人，作为一个家庭和社会的成员，作为一个公民和生产者、技术发明者和有创造性的理想家，来承担各种不同的责任。"这一观点在《教育——财富蕴藏其中》中有更深刻的阐述："教育的基本作用，似乎比任何时候都更在于保证人人享有他们为充分发挥自己的才能和尽可能牢牢掌握自己的命运而需要的思想、判断、感情和想象方面的自由。"一句话，教育就是心灵的解放与精神的富足。

学校在"五育融合"的理念下，重视学生的全面发展，积极构建有益于儿童快乐学习、幸福成长的教育生态圈。建立"厚德、启智、健体、尚美、善劳"的课程目标，让每一位学生都站在学校和课程的中央（C位）。打造以"课程焕新"为主轴的跨学科共同体，以跨学科主题教学和项目化学习为抓手，丰富儿童的精神世界，推动学校高质量发展。

一、"三为"跨学科课程愿景，让心灵更丰富

在张华教授所著的《让学生创造着长大——2022年版义务教育课程方案和课程标准核心理念解析》一书中提到："人人都是创造者，世界在创造中发展，创业精神成为社会的首要精神。创造力和创业精神成为信息时代的最高核心素养之一，为促进人的创造力和创业精神的发展，跨学科学习成为中小学教育改革的重要内容和发展趋势之一。"确实，跨学科学习具备显著的优势，能够打破学科壁垒，让学生在整合不同学科知识的过程中，发现新的视角，激发创新的火花。为此，学校跨

学科共同体正式确立了"三为"愿景，旨在激发课程的创新基因，以期培养并塑造出具备创新精神和创造力的新时代人才，以满足社会发展的需求，推动时代的进步。

第一，为理解而跨，绽放思维火花。"理解"通常指的是个体通过思考、分析、推理等认知过程，对某一事物、概念、观点或信息等进行深入把握和认识的能力。跨学科理解的核心在于学生运用多元化的学科观念与方法解决问题、形成解释、创造产品。这一理解促使学生认识到，在面对同一问题或世界时，我们可以拥有多样化的解读和认识。愿学生更好地理解学科知识，理解现实世界，发展理解能力。

为实现"为理解而跨"的愿景，学校跨学科共同体精心打造了一系列独具匠心和深度的"博物践行员"跨学科项目。这些项目巧妙地将研学等方式融入其中，深入探索农事、红色文化、历史、科技、艺术等多元领域，力求在跨学科，甚至是跨界的思想碰撞中深化理解，实现知识与实践的完美结合。在理解中发展，因理解而深化，并为了更深刻的理解而持续进行。以上跨学科项目为学生提供了广阔的视野和丰富的知识，帮助他们更好地认识世界、改变世界。

第二，为生活而跨，涵养人文情怀。陶行知先生倡导的生活教育理论，深刻揭示了生活与教育之间的紧密联系。他明确指出，只有将教育根植于生活，才能发挥其真正的力量，从而成为名副其实的教育。基于此，学科的产生源于生活，同时也要服务于生活。鉴于生活的整体性特点，即便是解决看似微不足道的生活问题，也往往需要多学科的协同合作。因此，根植于生活的学习本质上便呈现出一种跨学科的性质，强调知识的融合与应用。

为实现"为生活而跨"的愿景，学校跨学科共同体精心打造了一系列名为"生活志愿者"的跨学科课程，旨在深度融合现实生活与教育内容。该课程紧扣学生成长阶段的特性，从家庭这一温暖而坚实的起点出发，逐渐将教育的触角延伸至校园、社区，最终覆盖到更为广阔的社会天地。期望通过这样的课程设计，全方位将教育根植于生活，回应生活，并致力于服务生活。

第三,为学科而跨,共筑学科思维。在追求知识的道路上,学生唯有真正领悟了学科的内在逻辑,培育出深厚的学科思维,方能游刃有余地在不同学科间搭建起桥梁,进而实现知识的融会贯通。跨学科学习鼓励学生深入探究并热爱某一学科,不仅加强了学生对该学科的理解,更推动了学科理解力的长远发展。这种学习模式源自对学科的深刻理解,通过对多学科的广泛涉猎,最终推动学科的持续进步与发展。

为实现"为学科而跨"的愿景,学校跨学科共同体精心设计了"项目体验馆"跨学科课程,采取项目化学习的模式,根据学生不同的认知阶段,循序渐进地推出了"劳动+""运动+""道法+""科学+""艺术+"五大项目。这些项目以一门主学科联动不同的学科,为学生提供了丰富多彩、富有挑战性的学习体验,重在培养他们的综合素养和创新能力。

二、"三学"课程实践方式,让体验更自由

《义务教育课程方案(2022年版)》在课程实施上着重强调了对科学思想方法和探究方式的学习,以此来深化学生对知识的理解和应用。这一方案致力于实现知行合一、学思并重的教育理念,鼓励学生通过实践来掌握理论知识,通过应用来增强学习的实效性。特别值得一提的是,它倡导"做中学、用中学、创中学"的学习模式,旨在让学生在实践中学习,在应用中创新,在创新中成长。为此,学校跨学科共同体积极响应,将其作为激活课程生命力的关键,通过多元化的教学活动和项目实践,以期培养出具备科学精神、创新思维和实践能力的新时代学生。

第一,做中学,探寻知识的深度。"做中学"旨在将学生的日常学习紧密融入生活实践活动,以便学生在亲身体验中构建并深化知识体系。因此,学校在跨学科课程实施中精心设计了与学生经验相匹配的活动主题。这些主题不仅引导学生积极参与实践活动以完成既定任务,还鼓励他们在实践过程中进行深入思考,探索解决问题的有效方式与策略,从而培养出跨学科的深刻理解与敏锐洞察力。

以"科学＋"项目中的"重绘航空蓝图"主题活动为例，学生们将课堂所学知识与创新思维相融合，提出了一系列飞行器设计的初步构想。他们深入分析飞行效率、稳定性、操控性等多个关键要素，对不同的飞机设计方案进行了详尽的对比研究。在此基础上，学生们依据设计方案精心选材，进行了模型的制作。这一主题活动不仅使学生深刻理解了飞行器的基本原理和设计方法，更是有效地避免了理论与实践脱节的问题，使学习过程更加生动、有趣且富有成效。"做中学"强调跨学科的实践性，鼓励学生在跨学科活动中将多学科知识与实践操作相结合，以适应当前智能化日益增强的生活环境。

第二，用中学，内化知识为素养。"用中学"是鼓励学生将课堂上学到的知识付诸实践，通过解决实际问题来深化对知识的理解，进而将其内化为个人的素养。在这一方式下的跨学科课程，不仅将复杂而具有挑战性的问题巧妙地嵌入多样化的主题情境中，还引领学生经历一个完整的探索流程，包括问题的深入分析、方案的精心设计、知识的实际应用以及最终问题的成功解决。这一过程为学生提供了一个绝佳的平台，使他们能够在实践中深化对学科知识的理解，并培养跨学科素养，形成一种全面的能力体验路径。

例如，在"趣玩卡片船"的跨学科课程中，学生们面对的是一个既有趣又富有挑战性的任务：他们需要使用 10 张普通的扑克牌，通过创新的设计和巧妙的搭建，制作出一艘能够在水面漂浮的船，此外这艘船还需要具备足够的载重能力，以便运输沙子。这一实践任务要求学生运用科学的浮力原理、美术的结构设计知识等，通过团队合作、实践探索，最终找到解决问题的方案。在这一过程中，学生们不仅巩固了学科知识，更重要的是还学会了将知识转化为解决实际问题的能力，培养了创新思维和跨学科合作的能力。

第三，创中学，构建未来的梦想。"创中学"是对"做中学"与"用中学"的进阶发展，它强调学习、实践与创新过程的统一，使学生在参与创造性实践活动中，发展其学习与创新能力。学生在创造中学习，也在创造中提升自我。基于"创中学"的方式，学校跨学科共同体依托综合实践活动课程的设计与实施，成功构建了一套以"梦想＋"为核心的综合实践活动课程体系。该体系融合了考察研究、社会服务、设计制作、职业体验等多种实践形式,并引入研究性、项目化、跨学科主题等多种学习方式。在实施过程中,我们特别注重引导学生在真实的问题情境中主动应用跨学科知识,对现实问题进行识别、分析和解决。这一系列形式多样、内容丰富的实践活动,旨在全面培养学生的团队合作精神、创新思维以及面对困难时的坚韧品质,使其在多维度上实现全面而深入的发展,最终成为具备高度综合素养的未来梦想家。

三、"三真"课程保障机制,让选择更自主

第一,立足学生的真需求。在当前信息化、全球化、网络化的时代背景下,少年儿童在思想认知层面展现出包容开放的价值观与多元化的思维方式,而在行为生活方面则凸显出强烈的个性特点与表达需求,这些特征均深刻反映了时代的烙印。为了进一步提升教育的实效性,教师须紧密围绕学生的新时代特质,创造性地筛选跨学科学习主题,从特定视角切入,挑选富有时代气息的活动内容,并结合课程总体目标与学生的认知水平,精准设定活动的目标任务。此外,教师还应敏锐捕捉并有效利用课程实施过程中涌现出的具有价值的问题,引导学生深化对活动主题的理解,不断优化和完善活动内容,以实现教育教学的最佳效果。

第二,追寻学生的真体验。学校跨学科课程始终致力于推行学生的浸润式学习模式。首先,我们致力于构建一个丰富多彩、真实且富有挑战性的实践情境。这一情境不仅融入了现实生活的各种元素,还紧密结合了当前的社会问题和科技发展的前沿动态,为学生提供了一个独特的实践舞台。在这样的背景下,学生将更深刻地理解知识的实际应用,从而培养问题解决能力,并激发创新思维火花。其次,我们始终坚守学生的主体地位,鼓励学生积极参与各类实践活动。跨学科课程的核心理念是以学生为中心,充分尊重并发挥他们的主观能动性。教师们通过精心设计的具有层次性和挑战性的实践任务,引导学生独立思考、团队协作,以

及动手操作,让他们在实践中锻炼自主学习能力,培养团队协作精神,并强化创新实践能力。这样的教学模式不仅有助于学生的全面发展,也为他们未来的学习和生活奠定了坚实的基础。

第三,打造学习的真空间。学校持续增强环境资源的利用效能,精心构建了与跨学科课程实施相契合的多元化综合学习空间:"蒲公英廊"为我们呈现出一个变幻莫测、充满魔力的世界。这一空间既能迅速切换至专业严谨的"科学实验室",展现科学探索的魅力;又能轻松转换至艺术氛围浓厚的"美术馆",让我们沉浸于艺术的熏陶之中。有时,它化身为信息交流的"信息交互站",汇集着智慧的光芒;有时,它摇身一变为"产品发布会现场",引领我们步入创新的殿堂,激发无尽的创意与想象。

还有温馨的"阅读吧"、倡导探索的"数学探究区"、充满美感的"美趣体验区",以及实践对话的"英语对话空间"等。同时,我们还设立了集趣味与美学于一体的专用教室,包括启迪创意的"美术教室"、陶冶情操的"音乐教室"、培养技能的"计算机教室"以及丰富知识的"图书馆"。整个校园集学习、展示、评价于一体,充分满足了师生在跨学科课程学习中的多元需求。

总之,教育是服务人的个性全面发展的,人的解放、自由、超越、完善应是教育的核心内涵。在探索跨学科学习与实践的道路上,我们不断追求创新与突破,力求学生在"做中学""用中学""创中学"的过程中,实现知识与能力的全面提升。通过实施"三真"课程保障机制,确保学生的选择更加自主,体验更加真实,学习空间更加多元化。未来,学校将继续深化跨学科课程的设计与实施,致力于唤醒学生的内在力量,帮助学生打破局限,拓宽视野,挖掘潜能,期望每一位学生都能在自由的表达中找到自我,在超越自我中体悟真正的价值,进而使他们的心灵得到充实,精神内核得以升华。

(撰稿者:上海市嘉定区德富路小学　李丽莎)

观点透视

超越教科书的学习新场域

2022 年 9 月，上海市教委发布的《关于进一步促进本市义务教育学校建设的实施意见》中明确指出，要"优化图书馆环境，营造温馨、便捷和蕴含文化氛围的阅读环境，充分利用图书馆资源开展形式多样的阅读活动""利用图书馆空间、文献资源等开展各学科课程教学、阅读等活动，推动图书馆有效使用"。在教育改革不断深化阶段，学校图书馆要努力实现软硬件环境优化和使用功能的转型，以切实培养学生的阅读素养和精神品质。

一、营造文化场域：从"有围墙的图书馆"到"无边界的泛在阅读空间"

学校图书馆必须基于学生视角、适应学生成长、满足学生需求，要把"学校"的图书馆变成"学生"的图书馆，把"有围墙的图书馆"变成"无边界的泛在阅读空间"。

第一，课程顶层设计：基于办学理念的阅读课程目标定位。学校校训是师生共同遵守的基本行为准则与道德规范，是校园建设的重要内容，它要为每一个学生的幸福和发展奠基。学校的阅读课程要满足不同学生的个性化学习需求，指向学生未来的快乐成长、健康成长和可持续发展。德富路小学秉承"明德惟馨　多文为富"校训，"明德惟馨"即：真正散发香气的是美德；"多文为富"即：以多学知识技能为富有。

"多文为富"四个字把阅读的育人功能提高到一个前所未有的高度。我们的学生崇尚精神的富足，以充实的阅读来涵养心灵，从书香中汲取知识养料，以形成适应终身发展的必备品质和关键能力。

第二，阅读环境建设："三书"空间营造，打造"我"的图书馆。学校图书馆的使用主体是学生，因此图书馆的建设必须把学生放在首位，应深刻理解学生的阅读和成长需求，让图书馆成为学生能够放松身心、释放天性、自由阅读、驰骋思维、放牧心灵的场所。

首先，从硬件上着力打造"三书"空间——"蒲公英快乐城堡"图书馆、"温馨悦读"读书吧、"经典诵读"阅读室。快乐城堡图书馆里的藏书是有品质并受学生喜爱的。学校图书馆工作人员实时关注权威儿童图书奖，如：冰心儿童图书奖、国际安徒生奖、儿童自然图书奖等，对标权威图书奖书目选购图书；同时，听取学生的意见购置书籍，每班派出图书管理员和老师一起到书店选购图书。每逢阅读课，老师根据学生的特点进行阅读指导。读书吧全天候开放，为学生提供丰富的阅读材料，是大家课余饭后随心阅读的温馨场所。根据学生的需求，学校专门开辟了两间适合经典诵读的阅读室，经典诵读室内常会传出琅琅的读书声。阅读空间的打造让校园洋溢着浓浓的书香氛围。

其次，从软件上营造温馨安全的精神港湾。图书馆命名充分尊重学生意见，学生根据学校吉祥物蒲公英宝宝的形象，将图书馆命名为"蒲公英快乐城堡"。图书馆里各种物件是老师带着学生一起选购的，由学生自己打造的温馨空间自然更能赢得全体学生的喜爱。学校面向中高年段学生招募"蒲公英快乐城堡小馆员"，让他们参与图书馆的日常管理，形成主人翁意识。在理书、上架、剔旧、出入库等图书馆日常工作中，他们了解了图书馆日常运作的流程，学会了书籍流通的操作，知道了遵守图书馆规章制度的重要性，责任感油然而生。

再次，从资源上满足学生综合实践活动需求。图书馆配备完善的借阅系统，可进行师生图书借阅记录、图书编目、图书 OPAC 检索等图书管理工作；学校还在馆内、一楼大厅、阅读庭院分别安装了两台电子图书馆移动端和一个朗读亭，在学生休息空间设置阅读架，打造校园泛在阅读空间，让学生随时、随地、随处进行阅读及相关学习活动；图书馆内创设布局灵活、高效互动、资源丰富的数字化学习环境,还设有多处学生作品展示空间和活动空间。学生的阅读小报、书签作品、文学社成果、课本剧表演等均可在图书馆予以展示交流,满足了学生跨学科学习和综合实践活动需求。

二、 建设图书馆课程:从"阅读习惯的养成"到"阅读素养的跨越"

上海市教委《关于进一步促进本市义务教育学校建设的实施意见》指出,要"利用图书馆空间、文献资源等开展各学科课程教学、阅读等活动,推动图书馆有效使用"。学校紧跟时代要求,努力实现图书馆功能转型,带领团队构建融入校园生活的图书馆课程。

第一,融入综合实践活动,培养阅读习惯。家长课堂中的亲子阅读,结合家长课堂和睦邻亲子团动员特长家长开展慧雅阅读活动。研究员爸爸带领孩子进行科学阅读,走进微观世界;众芳社区的妈妈召集孩子举办图书跳蚤市场,书籍的流动更能促进知识、能力的提升。学校开展"品读童话"慧雅阅读项目,形成"读书节""学科周"两大阵地,以品读童话名家(安徒生、格林等)作品确立活动主题序列。读书节以童话作家为序列凸显"阅读",学科周以童话人物为序列凸显"演绎",为学生搭建展示的舞台。

第二,融入课后服务,强化阅读行为。学校利用课后服务时间,开设"走进24节气""小小图书管理员"等课程,受到学生青睐。其中,最受学生喜爱的是"最美图书馆"行走课程。学校充分发掘在地资源,组织课后服务学生到远香湖畔"最美(嘉定)图书馆"参观学习。在工作人员带领下,学生参观普通文献借阅区、多媒体文献借阅区,学习借阅证的办理、借阅机的使用,使学生感受到图书馆之于现代生活的重要使命。

第三,融入校本课程,提升阅读素养。语文教研组开发了适应五年级需求的"图书馆寻美探宝"校本课程。在课程目标的设计上,围绕学生需求、兴趣特点,依

托嘉定在地资源,以培养学生使用图书馆的知识、技巧和能力的信息素养教育为主。如下:

课程目标一:通过讲解图书馆的基本知识、礼仪以及图书分类、排架规则,使学生了解和熟悉图书馆,养成积极主动、文明守规使用图书馆的意识和习惯。

课程目标二:学习图书馆纸质和数字资源的基本知识、信息检索与利用的方法,形成合理利用信息的意识和方法,提升信息获取和自主学习的能力。

课程目标三:辅导学生通过对书目的阅读和制作读书卡,增长阅读兴趣,快速撰写读书摘要,形成良好的读书习惯。

考虑学生的认知及接受水平,"图书馆寻美探宝"校本课程设计"认识图书馆""认识图书馆资源""阅读养成教育"三个模块群。在课程设计中,追求知识学习与素养提升并重。学生通过"走进'最美图书馆'""探秘'工具书'""文献信息检索与利用""制作读书卡"等七个单元的学习,在"实践"与"感悟"中切身体验、参观、实践操作。在课程实施中,发挥学生的自主性,引导学生通过观察、问题驱动、任务达成、讨论探究等了解知识,形成初步认知,将感性认识上升为理性思考。在课程评价中,注重学生综合素养提升,围绕学生在图书馆课程实施过程中所表现出的实践意识、探索精神、学习态度、能力变化等状况做出综合评估,着重评价学生参与查找资料,获取、处理和运用信息的能力变化。从课堂讲授时教师的提问或对回答问题的评价,到每次实践活动中组织的交流活动,既有学生同伴的互评,也有授课教师的讲解分析和点评。在实践活动中,设计了可测量的信息能力指标,对学生的信息能力变化进行定量分析。

三、 实现辐射引领:从"亮学校特色"到"扩区域影响力"

以图书馆建设为抓手,学校在文化建设和课程资源建设上走在区域前列。学校获市小学生"美丽汉字小达人"活动团体银奖、"雏鹰杯""红领巾心向党"区红色戏剧小品展演特等奖、"爱赏嘉定　文化寻宝"活动优秀组织奖、"同根同源贺新年"文化交流活动最佳组织奖、区综合课程案例评选一等奖、区课程建设评比三等奖等。学校图书馆阅读经验"绘本创意阅读，让语文学习更有深度"在嘉定区第四届品质教育学术节中交流，获得好评。

2023年，马陆镇"阅"马读享会项目启动。基于《义务教育语文课程标准（2022年版）》《全国青少年学生读书行动实施方案》精神，"阅"马读享会项目紧扣"整本书阅读"，促进师生基于整本书阅读的项目化学习等创新课程形式，展开交流与研讨，帮助学生构建阅读核心素养。作为小学团队的领衔校，我校牵头镇内10所小学，加强马陆镇语文教师的专业对话，提升师生的阅读品质。2023年9月，我校图书馆课程和师生阅读活动经验在马陆镇庆教师节主题活动暨"教育共同体"推进仪式上作交流。

图书馆作为学校建筑环境的重要组成部分，承载着营造浓厚阅读氛围、为校园阅读活动提供空间、实现师生阅读素养提升的重要使命。学校图书馆课程也必将在打破传统课堂的局限、探索灵活多样的教学模式、注重学生信息素养的提升及在实际生活中解决问题的能力等方面发挥自身的课程价值！

（撰稿者：上海市嘉定区德富路小学　范薇薇）

实践偶得

放飞自由的童"芯"梦

党的二十大提出"要深入实施科教兴国战略、人才强国战略、创新驱动发展战略，着力造就拔尖创新人才"。2017年《新一代人工智能发展规划》出台，学校紧跟国家脚步，随之将人工智能课程纳入蒲公英课程体系，通过前期"创'芯'慧生活"科普课程及"AI'芯'世界"兴趣课程的建设，为放飞童"芯"梦项目打下了坚实的基础。2024年,以《嘉定区教育数字化转型五年行动计划》及"未来科学家"培养计划为契机,学校启动了放飞童"芯"梦——德宝创"芯"智造项目,以社团课程为载体,践行新技术、文创、跨学科、项目制、任务驱动、实践性学习等理念,旨在提升学生科技素养,丰富德宝IP(知识产权)内涵,探索出一条具有特色的科技创新人才早期培养新路径。

一、 以阵地创设拓展教学资源,丰富学生学习体验

学校配有计算机教室、科技活动室、自然实验室等人工智能专用教室,根据新时代素质教育的理念,科创和文创融合,通过分期、分步建设,逐步完善太空科创主题创新实验室,为学生打造一处具有"五大融合"特色的学习场、实践场、探究场、创新场、互动场。在这里,借助画屏、互动体验装置,融合 AIGC(人工智能生成内容),与科普文化墙互为补充,为学生提供体验式、启发式、互动式教学脚手架;借助沙盘教具,为学生创设太空、人工智能主题故事场景,开展场景式、体验式教学;引入 XR(扩展现实)技术,深化德宝 IP 文创,建设 XR 科创主题互动学习系统,创设元宇宙场景,弥补现实环境教学不足;引入 AIoT(智能物联网)技术,建设科创数字课程资源平台。

通过不断加强和完善科技教育阵地和设施建设,2023 年 10 月学校荣获首批嘉定区人工智能样板示范校称号。同时,学校师生在人工智能各项比赛中也取得了丰硕成果,为学校人工智能教育高质量发展夯实了基础。

二、 以课程定制激活场域资源,挖掘课程育人价值

1. 设计课程理念。放飞童"芯"梦项目积极响应国家人工智能教育战略及上海市、嘉定区对于拔尖创新人才的培养要求,并以嘉定区域综合课程体系为指引,将科技与教育新理念融入"五育并举"综合发展中,同时结合区域和校本特色,构

建一套既符合未来趋势，又贴近学校实际的科技教育课程体系。

2. 构建课程体系。放飞童"芯"梦项目构建起了"科普—进阶—拔高"三级阶梯课程体系。"创'芯'慧生活"作为科普课程主要是让学生初步认识人工智能，激发兴趣，明确基本概念，通过简单技术体验，了解人工智能技术如何改变生活。"AI'芯'世界"作为进阶课程主要是让学生掌握更深入的编程，熟悉项目式学习，解决实际问题，通过比赛训练、创意作品，理解人工智能技术在各领域的应用。而"德宝创'芯'智造"拔高课程主要是让学生达成创意物，深入课题的研究，提升综合素养，形成科研思维，结合劳动课程，运用技术解决实际问题，实现跨学科项目学习，使人工智能知识向多学科渗透、融合，在循序渐进中培养学生的人工智能科创素养。通过这一课程体系学习，学生从科普到进阶再到拔高，逐步深入学习，不仅在知识、技能上实现能力递增，更在人文关怀、社会责任、科学素养等方面全面提升。

3. 课程实施情况。放飞童"芯"梦项目助力学校打造了一支高效的科技师资团队，保障了课程的实施。学校目前每年至少开设 240 课时人工智能相关课程、覆盖全校 80% 的学生。以创"芯"体验日活动为例阐明科技课程实施方式，如表 5-1 所示。

表 5-1　创"芯"体验日活动表

阶段时间	内容	具体操作	体验价值
第一阶段	开篇	播放科技发展视频，讲解人工智能对生活的影响，激发学生对科技的兴趣，引出智能家居的概念，介绍活动目的	创"芯"体验日活动不仅让学生在实践中学习到科技知识、技能，还能培养其人文关怀，为他们种下科创的种子
第二阶段	理论学习	介绍创"芯"慧生活课程框架，通过互动问答，引导学生了解人工智能基础知识，如传感器、编程基础指令，为实操做准备	
第三阶段	实操练手	学生分成小组，每组配一名高年级学生为导师，分配放飞童"芯"梦套件，如智能灯、温湿度传感器等	

阶段时间	内容	具体操作	体验价值
第四阶段	实践体验	在导师引导下,学生尝试组装,并编写简单程序,如温度感应变色	
第五阶段	分享展示	每组展示成果,解释创意点,交流遇到的问题及解决过程,教师点评鼓励创新点,同学间互动提问,增进理解	
第六阶段	反思总结	引导学生分享学习感受,鼓励表达对智能家居的看法,引导思考科技如何改善生活,展望未来可能性。教师最后做总结	

通过以上六个阶段,学生从理论到实践进行全面体验,对科技的好奇心火苗被点燃,在项目化实践中,学生的逻辑思维、团队协作及沟通能力、科技综合素养得到大幅提升。

4. 课程评价与反馈机制。放飞童"芯"梦项目构建了一套综合性的课程评价体系,旨在系统性、动态地衡量学生学习成效,优化教学方式,确保教育质量,并促进学生的全面发展。该评价体系包含即时性反馈、阶段性评价、成果性展示等多个评价维度,形成闭环管理,促进课程的连续迭代与提升。

首先,即时性反馈。主要包括教师即时观察与指导,及时纠正错误、解答疑惑。

其次,阶段性评价。通过阶段性测验,如作品展示、报告等,评估学生学习成果。

再次,成果性展示。如参加年度成果展示日或参加区、市、国家级科技类比赛,为学生提供展示平台,以赛促学,提升学生实战能力,检验学习成果,同时为学校争得荣誉。

最后,汇总和分析评价数据。定期组织教研会议,调整教学方法,迭代优化课程内容,满足学生个性化、多样化的成长需求,促进学生科技人文综合素养的提升。课程的持续迭代改进，又进一步推进了我校科技教育的高质量发展。

三、以项目驱动整合社会资源，提升学生学习能力

在嘉定区教育数字化转型五年行动计划推进期间，学校以数字技术为载体，优化赋能"多场景"教学，促进"五育并举"，提升内生动力，形成多元化、个性化科创实践环境，增强学生数字素养和创新解决问题的能力。放飞童"芯"梦课程紧贴新课标"大单元教学""跨学科""项目制""任务驱动""实践性学习"要求，将新技术体验和应用与劳动课程无缝对接，这既是教育现代化的需求，也是综合课程体系的鲜活实践体现。如表 5-2 所示。

表 5-2 德富路小学放飞童"芯"梦活动情况表

板块名称	活动内容
德宝创艺篇	机器人智能穿戴文创设计、德宝系列 3D 打印文创设计、德宝系列数字平面文创设计
德宝趣智篇	图形化编程入门、进阶、智能硬件编程学习、机器人舞蹈编程
德宝展演篇	撰写人机共舞戏剧展演故事、根据故事脚本编写机器人舞蹈、人机共舞表演

这里，以四年级跨学科项目"重绘航空蓝图"为例进行具体说明。本项目教学时长为 4 周。

第一，项目背景。

以中国航空学会"雏鹰启航计划"为切入点，剖析航空工业的发展历程。学生以小组合作方式，从飞行器调研、初步概念设计、制作、调整到最终的飞行测试，亲身体验全周期的航空工程项目实践。课程强调理论与实践的紧密结合，注重实践技能的培养和团队协作的重要性。

第二,驱动性问题。

本质问题。在多学科融合的背景下,如何通过整合航空工程、美学设计等学科的关键概念,以及创新技术手段,设计一款既科学严谨又能体现艺术美感的飞行器,以解决现实生活中航空需求或预见未来的航空趋势?

驱动性问题。作为航空工程师,你如何结合科学知识与艺术创意,和小组成员一起设计并制作一个既满足飞行性能标准又能体现未来飞行技术潮流的飞行器模型?

第三,实施与评价。

1. 入项活动。在"雏鹰启航"计划的框架下,学生们将围绕驱动性问题展开入项活动。为此,学生们将在小组中初步分析航空模型设计面临的挑战和机遇,在小组内确立各自的项目角色与职责。

2. 知识与能力建构。学生通过网络资源、图书馆等收集不同类型的航空飞行器模型信息,制定研究方案,探索未来飞行器的可能性。

3. 探索与形成成果。

(1)头脑风暴:结合所学,提出一个初步的飞行器创意构想,基于飞行效率、稳定性和操控性等因素分析不同飞行器设计方案,同时考虑制作可行性。每个小组根据讨论结果手绘航空模型的初步草图,展示气动布局和主要部件的配置。

(2)同伴评议:在小组内部进行设计方案展示、研讨,以及合理性评估,并确定设计草图方案。

(3)模型制作:根据设计方案选择合适的材料进行模型制作。

(4)实践与检验:完成模型的初步制作,并进行地面测试。

(5)海报和演示文稿制作。

4. 评价与修订。教师就学生的设计和测试结果给出修订完善建议,帮助学生理解设计原则和实践之间的联系。

5. 公开成果。路演展示学生自己的作品、制作的海报以及演示文稿。

6. 反思与迁移。小组成员撰写反思总结,反思在设计、制作和飞行测试过程中遇到的问题及解决策略。

四、以多元共建整合社会资源，发展学生创新能力

第一，"走出去"：连接真实世界。学校积极探索科技教育新途径，充分利用青少年科普教育基地、青少年科创集散地、博物馆等校外资源，拓展教育空间，延伸教育时间，开展丰富多彩的科技教育活动，比如学校定期组织学生参与当地科普教育基地的科创学习活动，开启对科创的沉浸式探索；暑期带领学生走进气象科普馆，开展项目化社会实践活动，零距离感受"万千气象"。

第二，"请进来"：巧借专家资源。学校建有人工智能专家资源池，包含来自上海交通大学、同济大学、上海师范大学、中国科学院上海光学精密机械研究所等高校和科研院所的专家教师。专家定期为我校师生开展人工智能技术应用研讨会、人工智能科普讲座等。

第三，学校品牌建设与宣传推广。借助各类校园文化对外展示的窗口，如科创开放空间、学校公众号等，展示各类科普课程成果、科技活动及人工智能科创社团学生风采。

通过放飞童"芯"梦项目的实施，学校学生不仅在科技素养方面有显著的提升，而且在竞赛中屡获佳绩，获得 2 个全国级、66 个市级、119 个区级奖项。放飞童"芯"梦项目的实施不仅丰富了学校课程内涵建设，更在区域中树立了科技教育的范例，为嘉定区域中小学早期拔尖创新人才机制建设提供了宝贵的实践经验。学校正以实际行动扎实推动我校科技教育高质量发展，描绘着"芯"梦自由的未来蓝图。

（撰稿者：上海市嘉定区德富路小学　张秋霞）

现场纪实

有一种失败是有效的

纸艺作为德富路小学课程的重要组成部分,经过十年的探索,已经形成了较为浓厚的文化氛围和一定基础的课程经验。学校基于原有课程基础,架构了"叹为观'纸'"综合课程。该课程由四个板块构成:"纸的历史""纸与生活""纸与科技""纸与艺术"。

2023学年,我利用社团课的时间,对四年级的孩子们开设了"纸与科技"板块中的趣玩卡片船综合课程。说得简单些,就是利用10张扑克牌,设计并拼搭出一艘可在水中漂浮的船,并且让它能够装载运输尽可能多的沙子。

这个任务听上去似乎很简单,可四年级的孩子们并没有足够丰富的知识储备和实践常识,对他们来说会不会是一件难事儿呢?于是我试着将自己代入学生角色,思考学生在学习时可能无法完成的任务及原因。比如学生根本做不出船体,因为他们还没掌握船的组成部分,又或者学生做出的船体承重能力很差,因为他们还没学过浮力的相关知识,又或者小组成员之间无法友好合作……

预设了如此多可能发生的问题,身为老师的我该怎样一步步引导他们做出一艘"完美"的船?如果依然利用传统教学模式,学生是否会无法接受枯燥且稍有难度的知识点?于是我决定让学生们亲身体验数次"有效失败",我坚信,每一次失败将代表着思维的转变,引领他们学习新的真理,迈向新的成功。

一、 我眼中的"有效失败"

新加坡学者马努·卡普尔在2008年提出了"有效失败"的概念,并指出:"不是每一个成功都是有效的,都值得庆祝;也不是每一个失败都糟糕透顶,毫无所获。"
"有效失败"一词源于英文"productive failure",它是指由某种教学干预所导致的,发生在学习者身上的一种学习现象或学习机会,表现为学习者同时产生了表现上的失败和学习的发生。相比于传统课堂,有效失败教学更为强调理性应对学生的"错误",即学习者在经历失败的过程中也有可能发生了真正的学习,虽然学习效果没有在短期内表现出来,但从长期来看是对学习者有益的。此外,"有效失败"教学强调学生的"试错"与"改错",教学顺序上采用"先学后教",即学生先学,教师后教。教学形式则更侧重反思,强调学生在经历对目标知识的探索以后,还要经历学生解决方案和教师标准解决方案对比的过程。

二、 中看不中用的小纸船

发布任务后,孩子们争先恐后地想要设计出承载量尽可能最大的船。四年级的学生已经在数学课上对"容积"的知识熟练掌握了,但对于不规则的船而言,如何测量容积,如何通过测量容积大致判断载重量,如何不断增大船的载重量,成为我和孩子们共同面临的难题。

师:同学们,我们一起观察学生 A 设计的纸船,它漂不漂亮?想不想知道它的容积是多少,最大承载量是多大?

生众:A 的纸船好漂亮啊!肯定是所有纸船里承载量最大的!

生1:A 的船是一个长方形,只要分别测量出长、宽、高,用"长×宽×高"就能算出船体容积。

生2:最大承载量可以学"曹冲称象"加入其他物品,达到船刚刚要沉的状态,这个物品的总重量就是纸船的最大承载量。

师:回答得非常好,还有其他的方法吗?(众生或沉默或摇头)假如船体是不规则的造型,还能用"长×宽×高"计算吗?

生众:不规则的造型肯定不能用"长×宽×高"计算了。

师：大家觉得 A 的纸船的最大承重量会是多少？

生₃：老师，我觉得他们的船中看不中用，装不了多少沙子就会翻船。

师：那么下水试试看好不好？

生众：好耶！（学生齐呼）

纸船下水实验：将小纸船放入水中并不断加入沙子，但由于缺少船体的"龙骨"导致船体重心不稳，没过多久就发生了侧翻。这对 A 的打击不小，A 感觉到了挫败与沮丧。

师：A 的纸船做得很漂亮，但为什么会侧翻？大家能不能帮着找一找原因？

生₄：我觉得是他的船受到的浮力与重力不相等。

生₅：A 的船很漂亮，但是随着承载的沙子变多，重心不稳，往一侧倾斜，导致侧翻。

师：两位同学说得是否正确呢，同学们可以自己试着制作进行实验验证。假如原因真的是浮力与重力不相等，船体重心不稳，那又有什么办法解决呢？现实生活中的船是如何建造的？

生₆：加入沙子时需要两边对称着加，让左右两边承载重量一样。

生₇：在纸船中加入一根龙骨是不是就能使船体保持平衡呢。

生₈：纸船的船舱应该做成前后、左右对称的多格船舱，每个船舱加入的沙子要几乎一样多，而且要同时加，保证船体重心的稳定。

师：你们讲得都很有道理，都非常有想法。同学们可以回想一下现实生活中的轮船结构，老师再给你们一点时间，然后用实验验证你们的设计并完成最大承重能力的测试。

在本阶段，我引导学生发现容积有多种不同的测量方式，组织学生测量并记录船体的容积与它的最大载重量。有些同学的船体是一个规则的、没有顶面的长方体或正方体，那么只需要引导学生测量出船体的长宽高，相乘即可。有些同学十分善于观察生活，做出了有弧度的船体，但他们同样用了"长×宽×高"的方式得出了船体容积，不可否认，这些同学的数据是错误的，但我进行了适当的引导：

"容积也可以是船体所容纳东西的多少,所以,思考一下不规则形状船体的容积可以如何间接测量。"学生们立即想到这些不规则形状的船体能装多少水,就相当于船体的容积。这就是有效失败理论中所提出的:学生即使运用已有知识得出的是错误答案,依然可以有效地帮助学生在后续的学习中探索全新知识,学会从失败中不断学习。

三、 小纸船的意外发现

师:同学们,同学 A 对他设计的纸船在前一次失败的基础上,进行了重新设计与改进。然后他有了一个"意外的发现",大家想不想听听他的分享?

生众:想!(学生齐呼)

生A:我在测试纸船的最大载重量时发现,当纸船承受最大载重的沙子就会进水,连同沙子一起沉入水底。我想把船捞出称重时,出于好奇,把纸船装满了水然后拿出来称重,发现两者的重量几乎相等。接着我又跟同学 B 一起做了这个实验,最大载重量与纸船装满水的重量是一样的。所以,我们认为纸船的最大载重量就是纸船装满水时水的重量。B 随后测量了水的体积,发现船体的最大容积就是装满水时水的体积。

生众:不会吧? 真的吗? 这也太神奇了吧……(众生表示惊讶与不可思议)

师:同学们,实践才是检验真理的唯一标准,你们可以通过你们做好的纸船对同学 A、B 的结论进行实验论证,看看他们的发现是否正确。

实验验证

师:同学们,你们检验下来发现结果如何? 是否与 A、B 的科学发现一致?

生众:完全一致!(众生兴奋)

师:有同学能够对它进行一个简单的科学解释吗?

生众:……(众生或沉默或摇头或思考)

师:在船舶行业,人们常常用排水量来表示船舶尺度大小与运载能力,排水量指的是船舶按设计的要求装满货物——满载时排开的水的质量就是排水量。排水量通常用吨位来表示,所谓排水量吨位是船舶在水中所排开水的吨数。同学们,你们在以后的初中物理学习中,会学习一个非常重要的物理原理——阿基米德定律。这个定律会告诉我们:浸在液体(或气体)里的物体受到向上的浮力作用,浮力的大小等于被该物体排开的液体的重力。A、B同学的"意外发现"就是这个原理。假如A和B同学生活在古希腊物理学家阿基米德的时代,可能他们就是"阿基米德",他们会因为发现了这个物理原理而名垂青史。同学们,他们棒不棒呀?

生众:棒!非常棒!(学生自发地鼓掌,掌声响彻教室)

师:同学们,现实生活中有很多这样神奇的科学现象等着你们去发现。假如你们能保持一颗好奇心与探索心,用科学思维看这个世界,用科学态度、科学实践探索这个世界,你们会有更多这样的"意外发现"!你们也可以成为一个个小小科学家!

纸船的最大载重量就是最大排水量,最大容积即为最大排水量的体积,孩子们这个"意外发现"涉及的知识包括初中物理中的质量、密度、体积、力的平衡等。在课堂中,如何给学生做出通俗易懂的科学解释成了我的"难题",因为既要保证解释的科学性,又要激发学生对科学知识的探索与好奇心,让学生对未知的世界保持敬畏与探索精神以及创新意识,进而培养学生包括科学观念、科学思维、科学实践、科学态度在内的学科素养。而我让孩子们亲身经历了许多次"错误"的验证,尝试着自己找出合适的验证方式,得出正确的实验数据。这就是有效失败中所提出的:教学目的并非单纯地督促学生成功完成任务,仅仅达到表象上的成功,而更应该关注学生是否能在"失败"中寻找问题,并对原计划进行改进后再尝试。

四、 一转念就离成功一步之遥

邓小平同志指出:"过去的成功是我们的财富,过去的错误也是我们的财富。"

四年级的孩子们拥有强烈的好奇心和好胜心，他们不会轻易因失败而感到沮丧，反而会在好胜心的驱动下，不断尝试直到得出最优结果。在综合实践活动过程中，身为教师的我们通过设置明确的任务，激发学生的探究兴趣，提供适时的教学支持，让每个学生"跳一跳都能摘到桃子"，不断引导学生在错误中积累财富，在失败中总结经验，最终寻得问题解决最优方案。简而言之，教师精心创设一个涉及复杂问题的问题情境，学生可以结合自己原有的知识技能与学习经验生成多种解决方案，提升学生学习成就感，这会让孩子们拥有"有效失败"后一转念就豁然获得成功的体验。

（撰稿者：上海市嘉定区德富路小学　邵昕奕）

人物镜像

野蛮体魄的精神同行者

> 体育一道，配德育与智育，
>
> 而德育皆寄于体，无体是无德智也。
>
> 欲文明其精神，先自野蛮其体魄；
>
> 苟野蛮其体魄矣，则文明之精神随之。
>
> ——毛泽东《体育之研究》

1917年，青年毛泽东面对"国力苶弱，武风不振，民族之体质日趋轻细"的严峻形势，深感忧虑。他发出"欲文明其精神，先野蛮其体魄。苟野蛮其体魄矣，则文明之精神随之"的振奋人心的号召，倡导"体育救国"的道路。可以明确的是，体育在国家强盛、民族振兴中的重要地位："体育承载着国家强盛、民族振兴的梦想。体育强则中国强，国运兴则体育兴。"这一百多年间，我们实现了从"体育救国"到

143

"健康中国"的历史性转变与伟大复兴,这离不开一代代体育工作者与体育教师的坚持不懈和辛勤付出。

在无垠的教育天际,体育老师曾是那颗静默照耀的星辰,他们的形象似乎总是与嘹亮的哨声、飞扬的身影相伴,与绿茵场上的奔跑、球网的颤动、器械的斑斓交织成一幅活力四射的图景。然而,随着时间的河流奔腾不息、时代的车轮滚滚向前,体育老师的角色早已超越了单纯的体育技能传授者,转变为学生身心发展的引路人、健康生活哲学的宣扬者以及伟大梦想的播种者。

一、 破茧成蝶——体育老师的多维定位

第一,变革潮头的守航者。新时代的教育革新如春雨润物,体育老师的角色也随之焕发出新的生机。在这一变革的浪潮中,体育老师的角色愈发立体,责任愈发沉重。这意味着我们需要拥有更宽阔的知识视野、更完备的知识体系、更精湛的教学艺术,以及更敏锐的心理洞察,以适应不断演进的学校体育教学需求。作为一名一线的体育教师、学科教研组长,身在浪潮中间,最初内心充满了复杂的情感。一方面,我对能够通过体育教学影响学生身心健康感到无比自豪;另一方面,我也清楚需要跳出舒适区,重新审视与调整自己的角色与职能、教育理念与教学方法等。通过不断地探索、实践与创新,我深刻地体会到,我不能做一个单纯的传授运动技能与运动技巧的"教练",而是应成为学生课堂探索的平等伙伴、体育知识与技能的鉴赏家、真诚的赞美者、心灵的守护者以及学校体育课程的创新者与设计者、教育教学变革中的守航者。例如,在一次篮球教学中,我注意到一个学生在投篮时总是紧张得手足无措。于是我调整教学策略与方法,首先通过讲解示范缓解其紧张情绪与克服心理障碍,然后再逐步引导他尝试投篮,同时给予他充分的鼓励和肯定,让他感受成功的喜悦。再如,在一次足球课上,我没有像往常一样直接开始技战术的教学,而是组织师生围坐一圈,开展了一场关于足球历史和文化的讨论,并让学生分享自己对足球的理解和喜爱。随后,我将足球技巧的教

学与团队合作精神结合起来进行教学，并组织学生们进行教学比赛，让学生们在比赛中体会团队的力量。这样的教学不仅提升了学生的体育技能，也加深了他们对体育精神的理解。

第二，健康教育的先行者。面对儿童肥胖率的逐年攀升、青少年近视率的持续增长以及未成年人心理健康问题日益严峻，且呈低龄趋势等健康问题，如何通过体育课程引导学生形成健康的生活习惯成为体育教师肩上不可推卸的责任。多年的体育教学经验和对健康教育的深入研究使我意识到，我不仅要成为学生健康成长的导师，还要成为引领学生走向健康生活的先行者。于是我开始尝试将健康教育融入日常体育教学，通过科学的课程设计，引导学生树立正确的健康观念，培养健康的生活习惯，为学生的长期健康奠定坚实的基础。例如，通过讲解运动的益处、示范正确的避险防护等方式，让学生了解如何正确地保护与帮助、如何科学健康地进行体育锻炼；通过组织策划各种与健康相关的理论讲座与实践活动，引导学生树立正确的健康观念；通过组织学生参加各种体育比赛和健身活动，让他们在实践中体验运动的乐趣和益处，培养他们健康生活的习惯与终身体育的意识。此外，在与学生相处的过程中，我始终保持着关爱和耐心，时常与学生进行交流，了解他们的想法和困惑，关注每一个学生的现实需求与身心健康，努力为他们提供个性化的指导和帮助。例如，在开学之初的一次大课间跑活动中，我发现部分学生因在假期里不合理的饮食与缺乏锻炼导致体重暴增而"掉队"。于是，我便在课堂上引入"健康小卫士"活动，鼓励这部分学生记录自己的饮食和运动情况，并采取一系列措施来帮助他们改善健康状况。首先，我为他们制订了一份合理的饮食计划，并教他们如何遵循营养均衡原则搭配与选择食物。然后，为他们设计了一系列科学的"瘦身"锻炼计划，如慢跑、游泳等，以帮助他们减脂瘦身并增强心肺功能。同时，我积极地与家长沟通，共同关注孩子的健康状况，并给予必要的支持和指导。经过一段时间的努力，这部分学生的体重得到了有效控制，他们的身体状况也有了明显改善。

二、 心灵匠人——情感与心理的守护天使

第一,情感共鸣的纽带。体育活动作为一种综合性的教育手段、学生情感教育的重要平台,对学生的情感与心理发展具有积极的影响。它不仅有助于学生释放压力、调节情绪,还有助于学生情感共鸣和社交技能的形成。因此,体育老师不仅要做学生健身的"教练",更要成为学生情绪的调节器和心灵的按摩师。例如,当学生遇到失败和挫折时,我会利用体育活动的独特情境,用温暖的话语和鼓励的眼神,帮助他们调整心态,教授他们如何面对失利,如何从困难中吸取教训并不断前进。再如,我会在学生日常的体育锻炼与体育运动中融入心理辅导,让学生学会如何尊重同伴、尊重对手、遵守规则,如何在发展体能的同时克服困难等,让学生在汗水和欢笑中体会到成长的烦恼和喜悦,学会情绪管理和自我调节。

第二,挑战与抗压的导师。在竞争激烈的现代社会,体育老师还承担了培养学生的挑战精神和抗压能力的使命。因此,我通过精心设计的体育活动和竞技场域,鼓励学生去尝试、去冒险,让学生在体验中学习、在挑战中成长,帮助学生练习如何在压力下保持冷静,如何在挑战面前展现勇气等。这不仅能为学生日后的学习生活打下坚实的基础,也为他们将来在社会中的各类竞争和挑战提供了预演。例如,在一次校际足球比赛中,我带领的队伍面对的是一个强大的对手。为了提高队员们的信心和斗志,我在赛前组织了一次特殊的训练课。训练中,我为他们模拟了比赛的场景和对手的战术布置,让队员们在实战中锻炼自己的应变能力和团队协作能力。同时,我还鼓励他们发挥自己的特长和创造力,共同制定出应对对手的策略。在比赛中,队员们最终凭借出色的表现和顽强的拼搏精神赢得了胜利。

三、 全人发展的伙伴——体育之外的光芒

第一，个性与多元的开拓者。我始终坚信，体育老师的影响力始于体育，但不止于体育。作为一名一线体育老师，我始终秉持每个学生都是一个独立的个体的"全人发展"理念，尊重他们的个性差异，积极地鼓励他们探索自己的兴趣和潜力。因此，我们要努力成为学生个性与多元化发展的助力者、开拓者。在日常的体育教学中，我会通过提供多样化的体育课程和活动，帮助学生发现自己的闪光点，激发他们的创造力和想象力；我会根据学生的兴趣和特点，提供多样化的体育项目选择，满足学生个性化需求与挖掘学生的潜能。在学校体育工作中，作为体育教研组长的我，会将德育、智育、美育、劳育等学科要素与学校的大型体育赛事、体育活动相融合，开展主题式的体育赛事，满足每一个学生的个性与多元化的发展需求，促进学生的德智体美劳全面发展。

第二，社会适应能力的奠基人。在学校的教育体系中，体育对学生社会适应能力的培养与发展是最为突出的，因为它不仅是一种身体锻炼的方式，更是一种社会性活动。因此，体育老师在某种程度上是学生发展社会适应能力的启蒙导师与奠基人。一名体育教师需要思考，如何通过体育运动与体育活动促进学生良好生活习惯的养成；如何借助课堂教学与体育赛事为学生提供社会规范教育、社会角色的尝试机会促进其"社会化"；如何通过各种运动与活动形式，尤其是集体性体育项目与活动，增加学生间的交流、打破自我封闭以及平衡好合作与竞争、个人与集体的关系等。例如，我校作为全国足球特色校，每一年都有"8人制"足球班班赛。为了实现对学生社会适应能力的奠基与启蒙，我们对"班班赛"实施上下半场的"8上8下"的竞赛要求，让学生通过沟通与协作，进行合理角色分工，制定比赛策略，参与比赛与积极对抗。比赛前，我会为学生提供一些基本的技战术指导并强调团队合作的重要性；比赛中，我会鼓励他们积极参与进攻和防守策略的改进与落实，并激励每一个学生充分发挥自己的特长来为团队贡献力量，依靠出色的

团队合作和个人技术赢得比赛。学生在这样的赛事洗礼中，逐渐地体会到团队合作的重要性，并学会如何平衡个人与集体的关系、如何利用所学知识与技能解决实际运动问题，以及提高运动决策能力等社会适应能力。

如今的体育老师已经不再是曾经的单薄身影，而是一位全方位的发展者、引导者和教育者。在新时代教育理念的指导下，我不断丰富自己的角色内涵，以更加多元化的身份为学生的成长之路铺设阶梯。在新时代的征程中，我将如同翱翔的"头雁"，振翅高飞，守护并带领一代又一代的学子在健康的天空中自由翱翔。在未来的日子里，我将继续当学生体魄的锻造者、心灵成长的守护者，用我的智慧和热情，点燃学生心中的激情之火，照亮他们前行的道路，成为新时代野蛮体魄的精神同行者！

（撰稿者：上海市嘉定区德富路小学　刘桥顺）

第六章

抒写生命底色的诗意

德育不是强制和灌输,而是价值引导和审美判断。德育是一幅美丽的画、一曲动听的歌,儿童可以在与这幅画、这首歌相遇时自由地接纳这幅画、这首歌所表达的价值内涵。德育启迪儿童进入真善美的境界,让人性的光辉照耀心灵,使道德价值与规范及其学习活动都成为其改造自身,建设美好人格形象、幸福和诗意人生的惬意工具。德育不仅要求具有形式美,而且要求"美的规律"也应当全面落实在审美性交往关系之中。

立德树人,德育先行。德育是最具挑战性的教育艺术,也是最具震撼人心的力量的华彩乐章。道德教育的崇高使命就是丰富儿童的精神世界,抒写生命底色的诗意篇章。为培养学生良好的品德和行为习惯,提高学生的道德素养和社会责任感,学校充分重视德育工作,通过构建"童馨"德育共同体、夯实德育队伍的建设等举措来提升德育工作的实效。

德育共同体以"用真情温暖心灵 以真心赋能成长"为主题,基于学校的育人目标,从管理育人、环境育人、活动育人三方面着手,致力于德育共同体的建设,探索德育实施新路径,创设良好的德育环境,培养学生积极向上的心理品质和良好的行规习惯,提升学生幸福生活的能力。

一、 聚力赋能,队伍建设发好"力"

教师是"梦之队"的筑梦人,学校充分重视这支筑梦人的队伍建设,以"童馨"德育共同体为载体,从培训机制、多彩活动、多元评价等多方面着手,全面加强德育队伍建设,有效提升教师的育德意识与育德能力。

第一,全力以赴,厚实导师行动。为助力学生的健康成长,依托全员导师制工作的载体,学校聘请了上海市两位德育特级教师作为导师,成立了"心心"导师团。"心心"这一名称意味着每一位导师用自己的爱心、耐心、责任心,三"心"并举关注每一位学生的成长,切实走进学生的心田,用爱温暖学生的心灵。为全面落实立德树人的目标任务,学校注重全员育人的德育队伍建设,通过培训机制,建立全员育人、全程育人、全方位育人的"三全育人"教育理念,积极探索实践全员育人导师制。学校外请专家来校开展培训,增进对全员导师制背景下师生关系的认识和理解,积极构建新型的师生关系。在培训的基础上,学校以"与心心导师的第 n 次约会"等形式开展多样化活动,倡导导师们从"心"思考、"馨"行动、"新"改变三方面着手,通过"思索、谈心、实践、反思"四个环节,与学生建立良师益友型师生关系,全方位开展教育,助力学生健康幸福成长。

第二,睿思笃行,夯实队伍建设。班主任是"童馨"德育共同体的主力军,为了有效提升班主任的专业发展水平,在班主任们加强自我学习与实践的基础上,学校成立了班主任中心组、班主任工作室和班主任教研组。班主任中心组,以学习更新理念;班主任工作室,以活动引领发展;班主任教研组,携问题开展活动。学校通过导师引领、自主学习、团队合作、实践提升等多元方式来提升班主任与时俱进的学习力、运筹帷幄的组织力、独树一格的创新力,让班主任在学习实践中不断完善自我,完成个人成长的自我迭代。学校以"走出去、请进来"的方式,让班主任老师积极参加各类培训活动。上海市的两名德育专家作为"童馨"德育共同体的导师,经常来校为全体班主任开展多元培训,指导开展课例实践、课题研究、家校沟通、活动开展等。学校也借此东风,外派班主任参加上海市班主任名师工作室的活动,让班主任在拓宽眼界的同时有效提升教师的育德意识和育德能力。

二、 思想赋能,思政领航助推"面"

作为嘉定区"大思政课"建设实验学校,学校秉承和践行"大思政观",积极打造"行走的思政"特色项目,围绕思政小课堂和社会大课堂这一主线,注重思政队伍建设,开展多元主题活动,有力推进大思政课建设。

第一,在思政课堂中厚实理想信念。课堂教学是思政课堂的主阵地,学校依托"童馨"德育共同体和"德菁"道德与法治共同体,加强教师队伍的分层培养与专业融合。共同体坚持基于 2022 年版课标理念,开展深度教研实践。在不断探索的基础上,共同体成员们根据劳动教育实施方案,结合道德与法治课程"试种一粒籽"的单元教学,开展了"我和我的小豆子"劳动教育项目化学习活动,既有"樱桃萝卜种植记"的课堂教学,又有"劳艺种植庭"校内劳动基地的实践,丰富多样的劳动教育活动让学生体会到了劳动的意义。

第二,在社会实践中培育理想信念。"行走的思政"实践项目紧跟时代步伐,坚持校内教育和校外教育相结合,将思想品德教育内容与"行走"实践内容紧密结合。学校精心编制了实践手册,组织学生前往中共一大会址纪念馆开展了"寻访初心之地,赓续红色血脉"的研学活动;组织学生前往沙家浜开展了"金色芦苇荡,红色沙家浜"研学活动,引领学生更直观地触摸历史,感悟精神。发挥家长的资源优势,以幸福亲子团为载体,组织开展"红色寻访初心之旅""绿色规范法则之旅""金色文化探究之旅""橙色悦动探索之旅",进一步强化学生的社会责任感。

第三,在阵地建设中坚定理想信念。学校充分发挥少先队组织育人的独特优势来推进学校思政建设。依托"红领巾思政小播客"广播阵地,协同家长共同打造文化节目"古诗里的地理课";通过小记者团采访实践,小主持人主持社团等方式加强学校红领巾媒体宣传阵地建设,学校一名小主播荣获嘉定区"小爱小嘉说新闻"十佳小主播光荣称号;成立"德宝红领巾议事厅",组织开展"走进苏绣及篾竹编织""清洁家园展新颜"等议事厅活动,满足学生的发展需求,促进学生自觉接受政治启蒙教育。

三、 行动赋能、活动保障选准"点"

丰富多彩的活动是学生成长的助推器,孩子们在活动中能加强体验感悟,获得知识与技能,培养幸福生活的能力。为了发挥"六育人"功能,学校"童馨"德育共同体成员携手家长挖掘各类教育资源,探索有效方法与途径,基于学生的成长,精心开展幸福节、心理健康季、幸福亲子团等主题实践活动,多措并举培养学生树立正确的世界观、人生观和价值观。

第一,促成长,筑幸福之梦。学校每年开展一次"德宝幸福节"活动,组织全体教师、家长、学生参与，目前已经开展了四届。从第一届"缤纷四月　遇见幸福的你"的德宝幸福节成功举办后，学校先后又开展了以劳动教育、思政教育、班主任专业发展为主题的幸福节。孩子们在老师的带领下参与一项项主题教育活动，特别是"春种一粒粟""今天我当'班'"项目化学习活动，他们不仅在活动中掌握了劳动的技能，体会了劳动的乐趣，也感受到了班主任日常工作的辛苦。这些活动对孩子的心理成长是一次全面促进。

针对每一年的德宝幸福节活动，学校都着眼实际，设计贴合教师专业成长、学生健康发展的主题活动，以此积极构建幸福校园，培育幸福师生。作为"童馨"德育共同体的成员，他们在幸福节中不断幸福修炼，在主题活动中不断蜕变成长。其中涌现了一批优秀的德育工作者，他们中既有提出目标明确的"向青草更青处漫溯"的育人方略的优秀班主任，又有"破立"结合、主动追求、不断成长的青年班主任。他们以更专业的方式精准施策，引领学生成长。

第二，树品牌，绘心灵之花。"童馨"德育共同体中还有一支心育教师队伍，学校非常重视心育教师队伍的建设。每学年，积极外派教师参加心理健康教育的培训，多名教师持有心理咨询师证书。学校成立心理健康教育中心组，由1名专职心育教师和多名兼职心育教师组成。中心组成员均持有相关心理证书，携手开展学校心理健康教育工作，以团队的力量进一步夯实心理健康教育工作的顺利实施。

在落实常规心理健康教育工作的基础上，学校也在不断地思考，寻找心理工作的着力点，形成品牌特色，助力学生的健康成长。绘本具有故事性的特点，深受学生的喜爱。教师以绘本故事导入心理健康主题，通过多元方式引领学生体验感悟，能让学生获得积极的心理能量。基于以上认识，学校确立了"让绘本成就美好童年"的心理特色项目，并开展"绘"系列活动："绘"阅读，共读绘本促进沟通；"绘"成长，角色扮演探索成长；"绘"畅想，创作绘本开发潜能。"绘"系列活动有效满足了学生内心成长的需求，让学生在校园中快乐地学习与生活。同时学校将心理绘本积极运用于心理课堂中，并在心理健康季及寒暑假期间积极开展绘本系列活动。在阅读、演绎、创作绘本的过程中,学生在不断地收获与成长,学校也被评为嘉定区第三批心理健康教育特色校。

第三,重协同,融育人之力。学校高度重视校家社协同育人,提出了"德富同行者"的工作愿景,将家长也纳入"童馨"德育共同体的队伍,成立卓越家校联盟共同体。共同体设有教育咨询组、志愿服务组、科技人文组、活动宣传组四大组,从课程重构、丰富共育内容,培训研修、提升共育意识,多措并举、提升共育实效等几方面着手,着力在学校教育和家庭教育之间架起一座桥梁,达成共识,学会共情,构建同频共振的协同育人体系。

学校有效架构蒲公英幸福亲子课程:亲子共读课程、亲子梦想课程、亲子实践课程,组织共同体成员积极开展实践研究。亲子共读课程以教育咨询组为主,以快乐阅读社为实施途径。结合学校"慧雅"阅读工作,家校协同积极开展"悦读节"系列活动。亲子梦想课程以志愿服务组为主,以梦想微课组为实施途径。通过家长的微课来介绍自己的职业特征,引领学生明确目标,为实现梦想而努力。亲子实践课程以科技人文组为主,以幸福亲子团为实施途径。充分利用家长资源优势,积极开展"红色寻访初心之旅""绿色规范法则之旅""金色文化探究之旅""橙色悦动探索之旅"等"四色"之旅,让学生在实践中体验与成长。

温暖心灵,赋能成长。"童馨"德育共同体成员紧扣主题,通过全员导师制行动、"大思政课"建设平台、缤纷的主题教育活动,让阳光洒进学生心田,温暖着孩子幼小的心灵,呵护学生的健康成长!总而言之,德育就是教育工作者通过正面引导,带领学生开展正向体验,从而帮助学生形成正确的价值观,规范行为准则,培养道德判断的能力。德育是一幅美妙的画、是一曲悠扬的歌,学校"童馨"德育共同体成员们遵循学生的成长规律,积极探寻德育工作新路径,让学生在画与歌中动心动情,播下真善美的种子,春风化雨、润物无声地助力学生的全面成长!

(撰稿者:上海市嘉定区德富路小学　张洁)

观点透视

行走中的思政小课堂

大思政要善为之,要在理论和实践的结合中,教育引导学生把人生抱负落实到脚踏实地的实际行动中,立鸿鹄志,做奋斗者。一节思政课怎么才能打动学生?学生只能坐在教室里上思政课吗?丰富的思政教育资源如何系统化为师生所用?这些"大思政课"建设中遇到的痛点问题,每所学校或许都遇到过。作为嘉定区"大思政课"建设实验学校,德富路小学秉承和践行"大思政观",用"行走的思政课"给出了自己的答案,让传统思政课由"有意义"向"有意思"转变,着力于学生的价值引导和审美判断,让传统思政课由"嘴上说"向"脚下行"转变,把"大道理"与"小行动"相结合,从关注学生"一阵子"延伸到"一辈子",让学生从小学会用美的眼光审视生活、热爱生活,让学生的生命成长成为一个充满诗意与激情的历程。

一、 规划全域行走的实践地图

思政课改革创新要坚持理论性和实践性相统一。中共中央办公厅、国务院办公厅印发的《关于深化新时代学校思想政治理论课改革创新的若干意见》强调,思政课教学要"同生产劳动和社会实践相结合"。这表明"实践性"是思政课改革创新的重要突破口。"行走的思政课"正是让学生通过实践活动坚定"四个自信",增强国家认同感和民族自豪感,推动社会主义核心价值观在学生心中生根发芽,对激发小学生从小养成爱党、爱国、爱家乡、爱自我的良好思想品质有着重要的意义。

第一,整合区域资源,设计主题路线。自评为嘉定区"大思政课"建设实验学校以来,德富路小学就积极打造"行走的思政课"特色品牌项目,将思政课程与主题实践教育有机结合,把传统思政课堂延伸至社会空间和生活世界,让学生在行走实践中解决真实问题,促进理论性和实践性相统一,使学生核心素养发展落到实处。

学校所处的嘉定区拥有得天独厚的思政实践教育资源,外冈游击队纪念馆再现了当年外冈游击队在中国共产党的领导下,积极抗日、英勇战斗、前仆后继、不怕牺牲的光辉事迹;韩天衡美术馆藏有1 136件韩天衡先生捐赠的艺术珍品;上海汽车博物馆展示了汽车诞生以来世界上出现过的近90辆经典真车,提供了鉴赏珍贵古董车和了解汽车历史的平台;嘉定博物馆更是由嘉定博物馆新馆、嘉定孔庙、嘉定竹刻博物馆和法华塔院四处展馆集合而成的博物馆群……这些区域资源都为学校以实践的形式开展思政课提供了有效载体和重要条件。

因此,在充分梳理区域内博物馆、纪念馆等特色资源的基础上,学校整体统筹,深入挖掘区域教育资源的思政要素与价值内涵,形成了"百年党史·传承基因""人文嘉定·爱我家乡""职业梦想·奉献创新""劳动教育·创造幸福"等四大主题路线,为学校按路线、分专题开展思政教育实践活动奠定了基础。

第二,组建师资团队,打磨精品活动。为了让"行走的思政课"有知又有味,德富路小学还依托德育共同体,集结了多位既是班主任又是思政学科教师的骨干老师,组建了一支强有力的师资团队。为了确保把深道理讲浅、讲透、讲活,让学生真学、真懂、真信、真用,老师们亲力亲为,从红色场馆踩点、活动资源选择、史料收集整理、确定主题到活动方案设计,进行了多次集体研讨,精心研磨每一个活动环节,反复凝练,确保了四大主题路线的每一站都能释放出"真理"的味道。

二、 构建家校社协同的育人机制

"行走的思政课"特色项目实施过程中,学校采用了多种实践方法,如社会调研、志愿服务、文化体验等,将思政课堂从传统的教室延伸到社会大课堂。学校通过设计富有主题性和针对性的实践活动,引导学生主动参与、深入思考,实现知行合一的教育目标。

第一,五育并举,提升教育厚度。学校精心构思丰富多彩的思政实践活动,紧跟时代步伐,将传统文化、红色文化、社会主义核心价值观等融入"行走的思政课"项目中,实践着五育并举、融合育人。

百年党史·传承基因。为促进对党的二十大精神的学习理解,学校组织开展红色主题寻访活动。"寻访伟大成就":打卡红色地标,寻找红色记忆;"寻访伟大精神":学习先锋榜样,传承红色基因。学校组织学生前往中共一大会址纪念馆开展了"寻访初心之地,赓续红色血脉"的研学活动,组织学生前往沙家浜开展了"金色芦苇荡,红色沙家浜"研学活动,引领学生更直观地触摸历史,感悟精神。

人文嘉定·爱我家乡。嘉定作为著名的江南历史文化名城,有着深厚而独特的文化底蕴,古朴而典雅的人文特质。为了增强学生的社会体验,让学生感受嘉定的历史文化底蕴,培养学生热爱家乡的情感,学校组织学生来到保利大剧院,观赏美妙的民乐,领略民族之声、民乐之美;在明止堂里与三万多块古代字砖时空对话,感悟古字砖所蕴含的历史文化价值;走进"最美图书馆",徜徉书籍世界,感受文化的滋养与魅力。

职业梦想·奉献创新。三百六十行,行行出状元,大国崛起离不开各行各业的优秀人才。为提高学生的职业认知,挖掘他们的兴趣和特长,点燃他们的职业梦、匠心梦和强国梦,学校借助区域优势,组织学生开展了丰富多彩的职业教育实践活动。学生沉浸式体验检察开放日活动,对公检部门有了初步了解,揭开了检察机关的神秘面纱;参观消防体验中心,化身最美"火焰蓝",认识了各类消防车及消防器材;开启科创学习一日营,在 3D 绘图、电磁炮、编程、无人驾驶的活动体验中,深刻感受到科技的无穷魅力,埋下了小小"科学家"的理想种子。

劳动教育·创造幸福。为全面落实劳动教育的使命,学校将劳动教育融入"行走的思政课"中,常态化开展各类劳动实践活动。学校组织学生走进嘉定养乐多工厂,参观一线劳动者工作的现场,感受兢兢业业、无私奉献的劳动精神;来到马陆镇"篾竹编织"非遗文化工作室,与"非遗"技艺传承人对话,学习"篾竹编织"

的技艺,感受"非遗"传承的重要性与不易;走进华亭农业种植基地,认识常见的农作物,了解不同农业工具的作用,学习现代化农业生产知识;来到宏泰园劳育课程实践基地,学习制作月饼的操作流程,提升日常生活劳动技能。

从思政课程到课程思政,从单一学科到跨学科,从"课本"到"生活",在"双减"背景下,学校以"行走的思政课"为着力点,开展"思政+"融合育人活动,为学生成长赋能,提升了教育厚度。

第二,家校社共育,创新实践角度。孩子的成长离不开学校、家庭教育的共同努力,家校共育才能更好地促进孩子健康发展。学校有效发挥校级、年级、班级等三级家委会的作用,积极构建家校社协同育人机制,密切家校联系,凝聚育人合力,提高育人质量。2024年,学校创造性地把"行走的思政课"这一特色项目与学校家庭教育的特色品牌"幸福亲子团"活动进行了有机结合,将"大思政课"作为家校共育的重要课题来研究。

在学校三级家委会的组织牵头下,家长们根据以往的"幸福亲子团"活动经验,确定了四大类主题:一、红色寻访初心之旅,如参观爱国主义基地等活动;二、绿色规范法则之旅,如环保主题实践、参观法治禁毒类场馆等活动;三、金色文化探究之旅,如非遗文化体验等活动;四、橙色悦动探索之旅,如劳动实践、科创体验、体育运动等活动。在这样的创新举措之下,学校引领广大家长提高了对"大思政课"的重视程度,鼓励家长积极参与校内外思政教育实践活动,推进了学校和家庭在育人目标上的方向一致、同心同行、协同增效。

第三,研发实践手册,延伸学习宽度。在资源分析的基础上,根据学生发展需求,学校协同家庭、社区共同研究,精心编制了实践手册,为"行走的思政课"具体实施提供了学习工具。实践手册从"资源与情境、过程与仪式、现实与拓展"实践育人的关注点出发,重视道德情感启蒙,突出自主探究,将思政教育与学科教学、少先队活动、综合实践活动、项目化学习等有机结合,实现了跨学科整合,有利于学生综合素养的全面提升。此外,实践手册还注重评价设计,特别关注学生在思政活动中的实际表现,建立了以自我评价为主,教师、同伴、家长、实践基地等评价为辅的综合评价机制。

三、把"纸上谈"变为"实践行"

读万卷书,行万里路。青少年只有在思政大课堂里目睹时代大变迁、感受中国大发展,才能真正做到学而信、学而用、学而行。学校通过实施"行走的思政课"特色项目,以主题实践活动的形式创新了思政课程的教学模式,激发了思政教育的新活力:一是学生在参与活动的过程中,能够感受到社会的温暖、人间的真情,增强了对思政教育的认同感和归属感;二是学生在各类实践活动中丰富了情感体验,更在潜移默化中提升了思政素养和思维能力。

"行走的思政课"项目取得了令人满意的成效,但仍然存在一定的进步空间。学校也将从以下几方面持续探索:一是主题路线的发展性规划;二是师资团队的多元建设;三是实践手册的进一步论证和优化。未来,德富路小学将持续打造富有特色的"行走的思政课"品牌项目,实现"思政小课堂"和"社会大课堂"的有机融合,把"纸上谈"变为"实践行",把"最难讲"变为"最精彩",推动"大思政课"建设高质量发展。

总之,只有让"大思政课"激发成长的内驱力,学生的生命之树才会常青常绿。思政教育始终应以学生的发展需要为出发点和归宿,挖掘、激发和调动每一个学生个体的能动性,激发引导学生在生活中发现美、感受美、展现美、创造美,使他们成为自主发展的人,能积极主动地接受来自各方面的品德教育和人格熏陶,并最终形成正确的人生观和价值观。假如社会是一个诗意的舞台,那思政教育就是一首要一直谱写的诗,一首不拘一格的诗,一首五彩缤纷的诗。这首诗有开始,但没有结尾,诗中便是我们与孩子、与星辰为伴,诗意行走,跨山海,阅世界。

(撰稿者:上海市嘉定区德富路小学 顾敏)

实践偶得

见证真善美的新探索

作为一名年轻的小学班主任,过去三年是我与学生相识相遇相熟的三年,我深刻认识到德育是传递真善美的艺术。如果学生是把琴,我就用劳动教育这根弦拉响他们生命中真实而美好的乐章。我们越是在劳动教育中不断探索,越是能感悟到平凡的事物蕴含着蓬勃向上的生命力,也越是能以此来丰厚自己的精神内涵。

一、 开展劳动实践,提升综合素养

在小学教育中,劳动教育是不可或缺的重要内容。班主任作为学生学习和生活的引导者,在班级中开展劳动教育有着天然优势。因此,我尝试在劳动教育中渗透德育思想,注重学生各方面能力的培养,促进学生提升综合素养。

班主任进行劳动教育最好的途径是开展劳动实践,可以使学生完整体验劳动过程,深入了解劳动的价值。在一、二年级,我们班开展的劳动实践以日常生活劳动为主。通过两年的劳动锻炼,学生已经基本具备了处理个人事务的能力,养成了良好的卫生习惯,建立了自己的事情自己做的劳动意识。进入三年级后,我便将目光从日常生活劳动转向了生产劳动,让学生从农业生产中直接感受劳动创造财富,有助于理解劳动的本质。我了解到,大部分学生此前从未进行过农业生产劳动,是典型的城市小孩,还有一部分学生看到过自家的长辈进行农业劳动,自己进行过简单的体验。针对这一学情,我设计了小园丁上岗培训的情境,让学生对种植产生了浓厚的兴趣。接着通过课堂讲解、资料袋、微课学习、示范教学等教学方式让学生了解了种植的基本知识和流程。之后开启实践活动,让学生以小组为

单位,认领一块田作为种植范围,种植适宜的蔬菜。在这个过程中,学生熟练掌握了初级的农业生产劳动技能,大大增强了劳动的积极性。

同时,通过劳动实践,学生可以将所学的知识与实际劳动结合起来,实现跨学科知识的迁移和应用。例如,学生在种植劳动中会遇到这样的问题:如何安排人员每天照料植物?如何将植物养大养好?他们需要运用数学、自然学科的知识或思维来解决实际发生的问题,在这个过程中又加强了对这些学科知识的理解与运用。此外,学生会遇到各种困难和挑战,需要通过合作学习或信息化的方式来解决难题,这个过程锻炼了他们的创新思维和合作能力。

因此,在具体实践中,我采取多样化的教学方式培养学生掌握劳动技能,鼓励学生迁移和整合跨学科知识。与此同时,通过我的引导和推动,学生学会了互帮互助、分享知识、共同解决问题。

二、 学习劳动榜样,树立劳动观念

在班内开展种植劳动实践,目的是培养班级学生良好的劳动习惯,树立劳动光荣的正确观念。为此,我向学生讲述了各行各业的劳动者们的故事,让他们认识到是劳动者创造了财富,推动了社会的发展和进步,小学生更应该以各行各业的劳动者为榜样,向他们学习,为班级、学校、社会贡献自己的力量。

比如,在开展种植劳动实践的时候,我带领学生认识了全国农业农村劳动模范和先进工作者,结合相关的图片资料和视频资料,将榜样的故事深深印在学生心中,让他们深刻体会到农民的巨大劳动成就。学生在劳作中发现,无论是耕地、间苗、播种还是收获,都需要长时间保持固定的姿势劳动。尽管很辛苦,但在心中榜样的激励下,他们在劳动中学会了坚持不懈。

除此之外,我还观察到一些在劳动中积极参与、表现优异的学生,并将他们作为班级劳动模范。一些学生拥有种植经验或较强的动手能力,在本次种植活动中立即脱颖而出。我在班会课上授予他们"劳动小能手"的称号,并邀请他们分享自己的劳动经验,向其他学生传授劳动心得。获得"小能手"称号的同学乐于分享,体会到了劳动带来的自豪感和成就感。小学生很乐于向榜样学习,于是身边的榜样激励着他们继续投入到劳动中。经过一段时间的劳动典型树立,我发现我们班的学生都更加愿意劳动,乐于劳动,将劳动视为光荣之事。学生们的劳动态度得到改善,班级里的劳动氛围更强了。

三、 拓宽劳动场域,丰富劳动体验

为了实现育人目标,我整合了学校、家庭、社会等多方面教育资源,拓宽学生劳动的场域,丰富学生的劳动体验。

一方面,我引导学生积极参与学校内的劳动活动,并安排他们到合作劳动基地进行亲身体验。比如,在校内开展种植活动之前,我先通过学校联系了校外的农业实践基地,带领学生参观了麦田,进行了多种农业生产劳动,如磨豆浆、腌咸菜等。通过形式多样、内容丰富的劳动实践,学生体验到劳动的乐趣,从而更愿意在学校内积极参与劳动实践。

另一方面,我通过召开班级家长会,让家长意识到家庭教育中劳动教育的重要性:劳动教育是锻炼心智、培养人才不可或缺的教育内容,而家庭教育是贯穿学生成长始终的教育。我鼓励家长在家庭中学会放手,给予学生更多的劳动实践机会,培养学生的独立生活能力。同时,我联合家长,家校合力,借在班上开展种植劳动实践的机会,给学生下发了种子,让他们回家后同步进行种植。通过家校合作,将德劳一体的劳动实践活动延伸到家庭领域,促进学生全面成长,实现全方位的育人目标。

四、 注重情感教育,深化劳动意义

在对小学生进行劳动教育时,情感教育的渗透是非常重要的。小学生由于劳动经验较少,往往以为劳动就是做简单重复的体力活动,从而感到不耐烦、抗拒甚至是厌倦。为了避免和纠正这种片面认知,我在劳动教育中适时地渗透情感教育,帮助学生树立正确的劳动态度和价值观。

一种有效的做法是通过组织学生分享劳动故事,引导他们将个人的劳动经历和感受与他人分享,以获得更多的情感启发。为此,我设计了"我的种子名片"和"我的种植故事"两个小任务,让学生从美术或语文的角度来记录劳动的过程。在交流自己的种植故事时,学生纷纷将自己的劳动经历讲述给大家听,得到了大家的共鸣。有的学生提到"我时刻担心着自己的植物朋友",他对待植物的小心翼翼背后藏着对生命的关心呵护,让我看到学生在这个过程中丰富的情感体验,以及对美的关爱和对善的追求。有的学生非常自豪自己种出的香菜又嫩又香,甚至认为"别的香菜都比不上我们自己种的",让我意识到客观的评价虽能代表事物表面的优良程度,但学生主观的感受更能体现他们在整个过程中的收获与成长。

为了使学生的情感收获更丰富,另一个做法是引导学生在反思中加深认识。学生在故事会上不仅讲述了劳动所取得的成就,还指出了劳动中遇到的困难。例如,学生因为自己种植的蔬菜被鸟或虫子吃了感到很失望。我便抓住这个教育机会向学生提问:种植容易吗?我们平时吃的粮食是从哪里来的?我们该如何对待这些来之不易的食物呢?以此引发讨论与交流,激发学生思考,使他们明白农民的劳动为我们提供了日常粮食,我们要珍惜粮食。通过反思,学生意识到劳动的重要性,懂得了劳动创造成果,要爱护劳动成果。

五、 完善评价体系,凸显劳动成果

劳动教育具有综合性、实践性、多样性的特点,因此,对于学生的评价也应该从多维角度出发,不仅要关注学生对劳动技能的掌握和取得的劳动成果,也要关注学生在过程中是否有良好的沟通能力、团队合作能力和解决问题的能力。除此之外,由于劳动教育的场域不仅仅局限在教室和校园中,为了体现评价的有效性,也引入家长、社会人员作为评价主体，使评价体系更加完善。

为此，我设计了小组合作评价、自我评价、成果评价等多个评价表，从劳动技能、劳动意识、劳动观念、劳动成果、合作能力、沟通能力、创新思维等不同角度全面评价学生在实践中的表现。在每周的班会课上，我为在小组合作中团结友爱的同学和在劳动中表现突出的同学颁发"合作小达人""劳动小能手"奖，结合学校的争章活动为各方面表现优秀的同学颁发劳动章、合作章、友爱章等，充分激励学生积极参与劳动实践活动，促进学生全面发展。

同时，我调动家长、劳动基地指导老师、学生本人和学习同伴等主体参与评价，使得评价更具全面性和多元性。通过多个主体的评价，学生可以从多个维度、多个层次整体地感受劳动过程给自己或他人带来的好处，体会创造劳动成果的自豪感。

德育就是在学生心中播下名为真善美的种子，见证它如新苗般蓬勃成长，最终长成人格健全的全面发展的人。通过在劳动教育中不断引导学生探索、挑战与感悟，我看到学生们的精气神愈发突出，他们发自内心地积极参加日常劳动，创造美好的劳动成果，并展现出更加团结友爱的品质。这不仅是学生学习成果的体现，也是我在劳动育人中取得的收获。作为一名年轻的班主任，我还需要不断探索育人方式，并长远地奋斗下去。

（撰稿者：上海市嘉定区德富路小学　金子昕）

现场纪实

让情绪来无影去无踪

小学阶段是儿童情绪发展的关键期，也是情绪问题的易发期。进入小学之后,由于环境的变化、交往机会的增多等多种因素,儿童的情绪体验更加复杂,负面情绪也常常出现,甚至发展为情绪问题。因此教师的积极正面引导至关重要。正如苏霍姆林斯基所说:教育是一种最为精细的精神活动,我要把教育者对受教育者的影响比作音乐的影响,启迪儿童可以在与这首歌相遇之中自由地接纳、自发地改变。

作为嘉定区第三批心理健康教育特色校,学校确立了"让绘本成就美好童年"的心理特色项目。绘本作为一种特殊的阅读材料,深受学生的喜爱,以绘本为主线开展的系列心理健康教育活动,有效提升了学生的积极心理品质。叙事疗法是后现代主义心理治疗学派之一。该疗法以社会建构论为主要理论基础,认为"人不是问题,问题才是问题,人与问题的关系才是问题"。叙事疗法对心理问题的独特解读,使其在心理咨询领域获得了广泛应用。心理绘本与叙事疗法的结合为个案辅导提供了全新的思维模式。利用叙事表达和绘本澄清将人与问题分离,对于学龄期儿童而言,这种方法可以使他们更容易理解和表达自己的感受,也能更直观地观察澄清自身问题。

本文阐述了心理绘本结合叙事疗法在小学生情绪管理个案辅导中的具体应用。

一、 个案概况

小奇(化名),男,10岁,三年级学生。进入小学后,小奇因难以适应学校的各种行为规范要求而经常与同学和老师产生矛盾,脾气急躁易怒,缺乏良好的情绪调节能力,难以控制自己的情绪和行为。该生体格正常,无其他身体疾病。独生子,现与父母、外公外婆同住。因为父母工作忙碌,所以小奇主要由外公外婆负责照顾和陪伴,外婆对他非常爱护。

某天上午课间,小奇因位置问题与同学和老师发生了激烈的冲突,班主任将小奇转介到学校专职心理教师处进行辅导。

二、 个案分析

案例中小奇面临的最大问题是缺乏情绪管理能力,其中学校行为规范适应不良、人际关系紧张、父母关注及引导不足、长辈溺爱等都是影响其情绪问题产生的因素。

第一,家庭教育缺位。

自进入小学以来,小奇发脾气的问题一直未有很好的处理办法。多次出现冲突事件时,班主任致电家长沟通,家长来校就带孩子回家,这让小奇感到不被接纳,愤怒的情绪没有得到很好的疏导。

第二,情绪管理能力缺失。

小奇只要遇到不顺心的事,就爱发脾气。比如,上课受到批评,他就跑出教室;听到同学们说他的不是,就直接踢桌子。班里同学都不愿意跟他交朋友。因此,帮助小奇正确认识情绪、学习合理表达情绪和调节情绪是本次辅导的要点。

第三,规则意识缺乏。

小奇作为三年级学生,已经能够自觉运用道德认识来评价和调节行为,换而言之,小奇本身是能够知道乱发脾气是不对的,但是他不能自我控制。往往孩子爱发脾气,是因为家里有指责型的家长,家庭氛围相对冷漠或者是存在过度溺爱的情况,孩子缺少规则约束。

三、 辅导过程

第一,建立关系,收集资料。考虑到小奇当时对教师的态度是抗拒的,首次辅导的目的是寻找突破口,与小奇建立良好的关系。我先给予他肯定,让他获得心理上的认同和温暖,他的抗拒就减少了很多。然后我通过共情,让小奇觉得自己是被理解、被接纳的,从而对我建立起初步的信任感,于是愿意配合,开始了自我表达。

第二,巧用绘本,外化问题。外化问题是叙事疗法重要的技术方法,就是将问题与人分开,让问题是问题,人是人。一旦问题外化之后,问题和人分离,人的内在本质会被重新看见与认可,转而有能力与能量去解决自己的问题。

辅导片段1

老师与小奇共读心理绘本《我的情绪小怪兽》。

师:在刚刚读的绘本里,你找到了几只情绪小怪兽?

小奇:5只。

师:这5只小怪兽分别有怎样的特点呢?

小奇:有的很快乐、有的很伤心、有的很生气、有的很害怕,还有的很平静。

师:你的身体里有没有住着小怪兽呢?

小奇:嗯,家长或者老师批评我的时候,或者和同学闹矛盾的时刻,我都会忍不住发脾气。其实我也不想乱发脾气,可是每次我生气的时候,就好像有一只怪兽在我胸膛里捣鼓,让我好恼火。

师:那你身体里的这只小怪兽长什么样呢?老师这里有白纸和笔,你能把它画出来吗?

(小奇点点头开始画)

师:小奇,你可以给这只小怪兽取个名字吗?(外化问题)

小奇认真看了看自己的画说:它很暴躁,那就叫它"暴暴怪兽"吧。

师:"暴暴怪兽"一般会在什么时候出现呢?

小奇:家长或者老师批评我的时候,或者和同学闹矛盾的时候。

师:我们每个人的身体里可能都住着一只"暴暴怪兽",只是"暴暴怪兽"对有些人影响大,对有些人影响小。你觉得"暴暴怪兽"对你的影响大吗?(谈影响)

小奇:嗯,大。

师:如果满分为10分,"暴暴怪兽"对你的影响,你觉得是几分?

小奇:7分吧。

师：看来"暴暴怪兽"对你的影响不小。

小奇点头。

师：你觉得"暴暴怪兽"对你的影响是好的还是不好的？或者是不好不坏的？

小奇：应该是不好的。

师：为什么？举个例子，说说"暴暴怪兽"是怎么影响你的。

小奇：它让老师和同学都不喜欢我。

师：哦，看来你不是很喜欢"暴暴怪兽"，它干扰了你的生活，对吗？

小奇：是的。

师：你想让"暴暴怪兽"对你的影响小一点儿吗？我们一起想想办法好吗？

小奇：好的（点头微笑）。

我引导小奇通过绘本阅读、绘画创作、评量等方式将问题拟人化处理，并使问题从自己身上脱落出来，意识到自己不是问题本身，只是被这个问题影响了，同时知道这个问题也会影响其他人，只是自己受到这个问题的影响比较大而已。最后通过自己的评估，明确了问题给自己造成的负面影响，从而激发起与问题抗争一下的意识和力量。

第三，例外故事，丰富视角。例外故事是相对于问题故事提出来的，是指那些不符合问题故事的事件。例外故事聚焦于来访者内在的资源和积极的一面，挖掘资源可以帮助来访者增加改变的信心和动力。第三和第四次辅导中，我用了两次例外提问的技术，让小奇发现自己有战胜问题的潜在力量。

辅导片段 2

师：当你感到生气的时刻，"暴暴怪兽"是怎么指挥你的？

小奇：它说，太生气了，我要把桌子推倒。

师：你就跑到桌子那里了是吗？

小奇：是的。

师：所有和别人发生矛盾的时刻，"暴暴怪兽"都来控制你吗？仔细回忆一下，有没有什么时候"暴暴怪兽"对你的影响小？（找例外）

小奇:有人能听我倾诉,或者在它控制我之前,我有时间可以冷静一下的时候。

师:那这一周"暴暴怪兽"有没有找过你?

小奇:找过我一次。

师:你是怎么控制它的呢?

小奇:周一的时候跟同学闹矛盾,我推倒了桌子还没有解气,班主任叫我不要这样,但是那时候我正在气头上,内心很烦,听到他说不要这样发脾气时,我更恼火了。当时是副班主任先把我拉开,陪我站在教室外,叫我用深呼吸法调整情绪,我就慢慢平静下来了。

师:这办法真好。所以说,你是有办法战胜"暴暴怪兽"的。你这次用的方法就是深呼吸法。

(小奇点头)

小奇:老师,其实我还有一个方法,就是我生气的时候可以把自己的坏心情画出来。

师:这听起来也是个不错的方法。看来你的百宝箱里应对"暴暴怪兽"的工具还真不少。

小奇(开心地点点头):老师,还有上一次,我在做值日的时候和同学产生了矛盾,我非常生气,于是找了一个安静的地方大吼了两声,那次"暴暴怪兽"也没有冲出来。

师:那我们把这些有用的好方法,都写在之前画的"暴暴怪兽"旁边好吗?

小奇点点头,兴致勃勃地将总结的方法写在了"暴暴怪兽"旁边。

第四,重组会员,重建自我。重组会员技术是叙事疗法的另一个重要的技术。它把一个人的生活比喻成一个生命俱乐部,引导人们去选择那些对自己有重要影响的人物角色作为自己生命俱乐部的会员。与他们的互动与联结,有助于来访者构建积极的自我认同。特别是儿童时代,个体自我意识和自我认同尚处于发展阶段,他们很在乎周围人,特别是重要他人对自己的看法。对小奇而言,父母无条件地爱与接纳,教师积极地肯定,与同伴们和谐地相处,是他内心的需要和渴望。我从这些关系入手,努力地建立起一股支持的力量,帮助他一起谱写生命新故事,重新构建积极的自我。

辅导片段 3

师:如果有人愿意做你的同盟军,帮助你一起抵抗"暴暴怪兽",你认为那个人是谁?

小奇:我妈妈。

师:她可以怎么帮助你?

小奇:她可以抱抱我。

师:这是个好办法。如果老师说也愿意帮助你,你认为他们可以怎么做?

小奇:不要总是批评我。不要让我做那么难的作业。

师:我们把好朋友也拉进同盟军好不好,你觉得他们可以怎么帮助你?

小奇:和我一起玩,我生气的时候可以安慰我。

师:如果现在你的好朋友、老师、妈妈都站在你这一边,帮你一起对抗"暴暴怪兽",你是不是觉得自己更强大了呢?

小奇:嗯。

师:如果"暴暴怪兽"再来找你,你会怎么样?

小奇:我会说,快走开,我不会听你的,我更强大了。

家校共育辅导片段:

师:经过最近几次辅导,我们可以看到小奇的变化。他从一开始很难控制脾气,到慢慢能够有所控制,这是很不错的。他在家里的情况怎么样呢?

小奇爸爸:是的,最近班主任也主动跟我们说,小奇在学校里发脾气的次数少了,也有同学愿意主动跟他玩,他开心多了。在家里,他脾气也好多了,即使有时候忍不住要闹脾气,也能够自己调节,不会大吵大闹的。

师:那在家里,一般什么事情会让他忍不住发脾气?

小奇外婆:平时他父母都忙,我也不太会课业辅导,所以有时候他会因为作业难写发脾气。或者,他爸妈回来,他想缠着爸妈陪他玩,如果他爸妈没空理他,他就会哭闹。

师:听起来,小奇在家里的情绪爆发主要是因为课业和父母陪伴。小奇爸妈,对此你们有什么看法?

小奇妈妈:我们也知道自己平时陪他比较少,但有时工作忙碌,我们也没有办法。我也很想多陪陪他。

师:现在我们看到,孩子在学校里很努力地调节自己的情绪,也因此收获了友谊。但是,如果他在家里又反复出现类似的发脾气行为,我们就需要从家庭着手去帮他。

小奇爸爸:是的,我们明白。我们回去以后会商量一下怎样去协调工作的事情,尽量多陪陪他。只是不知道如果他在家又出现发脾气的情况,我们可以怎么帮助他调节?

师:孩子发脾气的时候不要吼他,这样不利于情绪疏导。我们可以轻触安抚,帮助孩子在生理上把情绪缓和下来,然后用语言向孩子示范正确的情绪表达方式。最重要的是家庭教育方式要统一,还可以在家里设置"积分奖励制度"等。

在最后一次电话回访中,小奇爸爸表示小奇的进步很大,周末也多了亲子玩乐时间,小奇开心多了,情绪也稳定多了。

四、 辅导反思

心理绘本结合叙事疗法,通过绘本载体引导来访者说出自己的故事,通过绘画命名等使问题外化,从而引导来访者重构积极故事,以唤起来访者发生改变的内在力量。辅导中,着重使用以下三个技术。

第一,巧用心理绘本,结合"外化"技术。"外化"技术具有拟人性,生动形象,适合儿童的心理特征。案例中的小奇11岁,处于儿童期,他的认知水平、语言表达尚待发展。在辅导中,我用儿童的视角与语言跟他沟通,结合故事加绘画的形式尝试问题的外化。当把乱说乱动外化出来时,我感受到了小奇的惊讶、兴奋、振作,神情中流露出改变的勇气。

第二,奇迹提问,找寻例外故事。通过奇迹提问让小奇发现自身解决问题的力量,当小奇找到应对"暴暴怪兽"的方法时,他开心地笑了。他更立体地了解了自己,悦纳自己,重新找回了自信。

第三,会员重组,家校协同努力。学生情绪问题的解决需要家校协同努力,学校需要在一定程度上参与指导学生的家庭教育工作,家长需要实行积极的教养方式。每一个孩子的心理健康,都离不开学校和家庭的悉心浇灌,都离不开家校的协同教育。

在小奇写下"我要跟'暴暴怪兽'说再见"的那一刻,他的生命故事也悄悄翻开崭新的一页,让情绪来无影去无踪吧!一次遇见、一次改变,作为教师我们要做用心的观察者、耐心的开导者以及慧心的引导者。我们要用爱倾听每一个孩子心底的声音,做一个有温度的引路人,帮助学生走出困境,让每一个生命都精彩!

(撰稿者:上海市嘉定区德富路小学 洪思琪)

人物镜像

匠心编制幸福成长圈

都说,你是世上最小的官,

管着一群长不大的孩子;

都说,你是燃烧的蜡烛,

燃烧自己,照亮别人;

我说,自己是人间最美的画师,

勾画出孩子们五彩的成长年轮。

教育家苏霍姆林斯基说过,教育者要去发现每一位学生的禀赋、兴趣、爱好和特长,为他们的发展提供充分的条件和引导。每个学生都是不同的,我们要尊重学生的多样性,让个体的生命潜能得到自由的发展。

参加工作的第一天,我就是班主任,这份让我热爱的工作给了我无限的幸福和满足,让我的生命如花盛开。班主任工作不仅需要热切的情怀,更需要专业的方法和思维。成长需要土壤,在德富路小学"童馨"德育共同体的引领下,我与优秀携手,与智者同行,在班主任专业化成长的道路上不断探索。围绕学校"让每一个孩子成为执着的追梦者"的办学理念,在建班育人的过程中,我始终从小学生身心发展的特点出发,践行"每一个都不同,每一个都出彩"的育人理念,努力为每一个学生创造适合的成长平台,让学生在和谐、友爱、民主的班级氛围中,成长为"懂礼仪、能自主、会沟通、善创新、有梦想"的幸福少年。

一、 芽苞初放:以微小体验涵育个体品质

学生,是班级教育生态中最具活力的个体,是带班育人的起点和归宿。因此,我通过创设多样体验,激活学生内在品质,引导学生在班级日常生活中适才扬性,努力让自己成为他人的榜样,走向更好的自己。

1. 巧用绘本,习得礼仪。一年级新生入学时我聚焦两个好习惯——讲文明,懂礼貌,帮助孩子们成就自我,体验成功。考虑到低年级孩子身心发展的特点,形象生动的绘本能够调动起孩子的学习兴趣。我依托绘本,结合活泼自然的动画情境,通过倾听、讨论、判断、模拟练习等多种形式,让学生感受到文明礼貌的重要性。利用午会课时间,我和学生共读绘本《你别想让河马走开》。在阅读绘本的过程中,学生懂得了好好说话的秘密。在接下来的日子里,我带领学生读了很多有趣的绘本,如《有礼貌的小熊熊》《请给我,熊猫先生》《图书馆狮子》等。在这一阶段,学生在进校礼仪、用餐习惯、排队秩序等方面都建立了初步认识,收获了不同

的体验,班级建立起最初的常规认同。

2. 小岗位实践,主动担当。为了激发学生自我担当的责任意识,班级小岗位给予学生真实成长体验。一是根据"市场"需求设置岗位,通过岗位调查问卷,设置多种形式的小岗位。课间休息时,有的孩子在走廊或教室里追逐打闹,秩序管理员开始履行职责了。当学生因为一点小事吵架时,由小法官评判是非对错。体育课结束后,水天使提醒同学们多喝水。类似的小岗位还有投影小助手、奖品兑换员、书桌管理员等。让每个孩子都能担任职务,在管理他人的同时,学会约束自己,能逐步建立起规则意识。二是制订岗位培训计划。在明确岗位分工后,对学生进行岗前培训,让他们明确自己的职责,对岗位有初步的认识,尽快适应自己的岗位。同时还需要后续的跟踪反馈、适时帮扶,充分考虑学生个体差异与能力差异,进行适当的岗位调整,引导他们在岗位上更好地成长。三是岗位评价:自评 + 他评,激励成长。通过自评—他评—阶段性分层评比,为每个孩子搭建历练平台,在体验中涵养自身品质。

二、 青枝绿叶:以集体活动助推学生多元发展

班级,是学生多元化发展的重要平台,是学生共同成长的重要场所。因此,以集体活动培养学生个体规范,赋予学生主人翁的认同感,参与集体建设,能实现集体与个体同步成长。

第一,多巴胺公约,规范言谈举止。良好的班级文化能够使生活于其中的每一位学生都得到良好发展。创设温馨教室,教室内外的每一面墙壁,每一个角落都是教育阵地。为了更好地规范班级成员的行为,形成一个健康向上、团结互助的集体氛围,我们根据班级情况制定了班级公约、图书借阅公约,由学生自主进行商讨,投票表决,最终确立。我们将班级公约手绘成一幅"多巴胺"手工报,贴在班级醒目处,以此作为学生自发遵守的日常行为准则。

第二,搭建平台,助推学生多元发展。为了激发每个儿童的自我发展,我努力

搭建平台,助推学生的多元发展。低年级时,我通过家访和问卷调查的方式发现每个学生的特长,并给他们搭建适合的成长平台。对于擅长表演、爱好声乐的学生,我鼓励他们加入学校社团;对于动手能力强的学生,倡导他们组建"五彩手工坊";对于喜欢运动的学生,鼓励他们加入学校课后服务,由专业的老师来训练。三年级的十岁生日,"金话筒社团"的学生负责主持,"五彩手工坊"的学生负责布置教室,学生们上报节目,八仙过海,各显神通。我呵护着他们的兴趣,给予每个学生展示的机会和舞台。在"春日诗会"活动中,学生们自行以小组为单位招募组员,分工合作。小组成员们自己设计封面,制作目录,为自己的诗集排版。组长持续跟踪,还会跟我及时反馈活动进度。去年毕业的小王同学在教师节当天给我发来500多字的小作文,因为这次诗会活动,成就了她小学阶段的"高光时刻"。在一系列活动中,学生们彼此融合、互相教育,他们在团队中学会了团结互助、友好沟通,获得了积极的合作感受。

三、 合抱群木:以"重要他人"丰富生命成长

德育共同体勾连着学校与家庭,是以学生成长和班级发展为逻辑起点的育人共同体。因此,我通过寻找儿童生命成长中的"重要他人",发挥家校育人的合力,匠心编织"共同体生长圈",丰富生命厚度。

第一,"慧阅读",亲子共读一本书。只有实施有效的家校合作管理,才能促进孩子更好地成长。为帮助营建和谐家庭氛围,让教育变得有温度,我倡导亲子阅读,拉近亲子关系。孩子和家长在图书馆用两个小时共读一本书,用时最短、答题准确率最高的家庭可以获得奖牌。每位参赛的同学都领到了一张马拉松"进度条"。这次的"阅读马拉松"结束了,但学生的阅读之旅才刚刚开始。学生在父母的陪同下每读完一本书,就要在"进度条"上涂满一个格子,每个学生每个月会在班级阅读交流群中展示各自的读后感和成果。我在班级设立阅读达人榜,鼓励每个学生养成天天读书的好习惯。书目"循环使用",到了学期末,班级和低年级的

班级结队,让学生选出自己看过的一本书送给低年级的小朋友。"阅读马拉松"在学生和家长心中充满了仪式感和神圣感,让他们在"碎片化"的阅读时代,重温了阅读的魅力,让亲子关系变得更有温度。

第二,"慧家长",重构多彩课堂。家长的职业、阅历、特长对班级来说是一笔丰富的教育资源,他们可以为孩子带来更加丰富的知识,更加开阔的视野。我开始尝试把家长的资源引进班级。低年级邀请家长开展"自理小达人""社区小公民""节粮小明星"等劳动课程,引导学生养成独立自主的习惯。三年级依托学校开发的传统文化课程,家长以茶道讲师的身份展示茶文化魅力,班级还邀请家长在端午节和学生一起包粽子、中秋节做月饼,对学生开展传统文化教育,增强了学生爱家、爱校、爱国的情感。班级小邱同学的爸爸妈妈通过视频连线的形式为同学们献上了一节生动有趣的关于云南风情和援滇工作的知识拓展课程。作为援助云南楚雄的骨科医生,小邱同学的爸爸向我们讲述了云南楚雄工作生活的亲身见闻,播放了云南自然、人文和工作的幻灯片,过程中还穿插了一些小提问。而小邱同学的妈妈则为同学们带来了云南的鲜花饼,发放给积极互动回答问题的小朋友作纪念,并对讲述内容进行了生动有趣的补充。多彩课程促进了学生良好习惯和品质的养成,为自律的班风打下了扎实的基础。

第三,"慧成长",悦动职业初体验。幸福亲子团开展了"职业初体验,每个人都了不起"的社会实践活动。同学们走近父母的职业,自主探索职业背后的故事,共创亲子时光的高光时刻。同学们分别来到上海航天科技、法院、杜邦公司、万达影城等地方。在杜邦公司,大家了解到杜邦公司有很多新研发材料,以及从低到高不同防护等级的防护服。在模拟审判庭,观摩一起未成年人学生故意伤害案件,近距离感受法律的权威。在再生能源利用中心,探索垃圾变废为宝的过程。孩子们从爸妈身上学习到他们对待工作的认真负责、面对困难时的迎难而上、团结合作的精神。一场场有声有色的体验让孩子更多地认识自己,让家长看到孩子更多的潜能。孩子们感悟到每一个职业都可以创造未来,在心中埋下小小梦想的种子,慢慢懂得用勤恳劳动垒起一砖一瓦,用"劳动美"托起心里的"中国梦"。

聚焦儿童，促进自我管理。从儿童个体到集体，再到成长共同体，有系统、有次序地对学生进行活动影响，尊重学生个体差异，创设符合成长规律的进阶式活动。借助五彩手工坊、人人有岗位、春日诗会等特色平台，让学生在参与的过程中肯定自己，悦纳自己，多维度地开发自己的内驱力，提高自主管理能力。整合资源，协同合作育人。以家校合作为基础，充分发挥家长在教育教学中的参与作用，以积极主动的家校合作活动，增进家校互信。"幸福亲子团"活动已成为班级活动的延伸和拓展。它以多彩节日、仪式活动等亲子实践课程为基础，依托嘉定图书馆、嘉定郊野公园、远香湖等社会实践基地，开展丰富多彩的家庭教育实践活动，并通过微平台展示精彩瞬间。在各个实践基地的不同场合，我们经常会看到家长们带着孩子开展各种不同的活动，让孩子们在实践中体验、在实践中提升。系列活动有效拓宽了孩子的视野，让家长成为助力孩子成长的同行人。

在多元评价体系的导向下，学生更乐于参与各项活动，在学习上相互帮助，你追我赶，蓬勃成长。几年来，我协同家长和孩子们共同打造了专属班级的五彩品牌：彩之慧——阅读马拉松、彩之乐——快乐开放日、彩之绚——相约班级圈等。暖意浓浓的班集体、多彩的班级文化、良好的师生关系和亲子关系都在丰润着、引导着孩子们以积极向上的姿态去发现生活中的真善美，用行动去抒写生命底色的诗意！

（撰稿者：上海市嘉定区德富路小学　郭丽丽）

第七章

作为美学空间的学校

学校是一个美学空间，最美的学校是能够最大限度地促进学生自由生长的学校。从空间美学视角看，学校之美可以分为器物之美、制度之美、精神之美三个向度。器物之美，是学校物理空间建设之追求，器物之美在于对特定学生产生美的熏陶，对学生的发展具有积极的作用；制度之美，是学校制度空间建设之追求，制度之美在于为人们提供足够的自由空间，为儿童成长提供和谐美好的规范空间；精神之美，是学校精神空间建设之追求，精神之美在于营造出一种积极健康的精神氛围，引领儿童向着好的方向发展。

有人说："空间美学是建立在主体空间感性能力基础之上的美学话语,强调空间的体验性、形象性和情感性特质,是一种自下而上且从审美实践出发的价值论美学。"学校是美学空间。最美的学校是能够最大限度地促进学生自由生长的学校。

一年前,学校"尚美"艺术学科共同体成立,邀请了上海市音乐和美术领域的教研员成为我们的"双导师"。导师在第一次启动仪式上给艺术共同体的老师们出了三道思考题。第一,如何借助艺术学科共同体的东风让艺术师资与时俱进,放大艺术教育培根铸魂的育人功能?第二,如何校内外协同发展,让学校艺术教育有新血液、新能量,甚至新格局?第三,如何打破边界做更有灵魂的艺术教育?于是,9位共同体的老师们携手在课堂实践中去寻找答案,在文化行走中探寻谜底。

一、 内涵铸魂,向中枢进阶

2020年,中共中央、国务院发布的《关于全面加强和改进新时代学校美育工作的意见》明确提出:"以提高学生审美和人文素养为目标,弘扬中华美育精神,以美育人、以美化人、以美培元及把美育纳入各级各类学校人才培养全过程。"为美育与小学艺术教学的融合指明了方向。随即《义务教育艺术课程标准(2022年版)》中将艺术核心素养概括为审美感知、艺术表现、创意实践、文化理解。我们认为艺术学科核心素养是一个中枢系统,我们势如破竹向中枢进阶。

第一,综合课程铸魂内涵,塑造学生品质。"纸艺"作为学校课程的重要组成部分,经过近十年实践和发展,形成了较为浓厚的文化氛围和相应的课程经验。但是存在重课程活动开展,轻课程反思优化;重技能训练,轻实践探究过程;重作品展示,轻学生体验获得等问题。如何在原有纸艺课程优势基础上,将"纸艺"特色与学生的综合能力发展深度融合,突出课程内涵,提升艺术师资素养,是值得我们思考的问题。

基于学校原有课程基础,艺术学科共同体教师尝试将原有"纸艺"特色课程在2022年版课标提倡"带动课程综合化实施"下升级迭代为"叹为观'纸'"综合课程,注重校本课程的融合贯通。从培养学生创造力的不同维度出发,综合运用各学科知识,开展项目化的学习实践活动,铸魂综合课程,塑造学生品质,培养学生全面发展,形成具备更为完整、系统的知识体系的内涵。提高学生认识、分析和解决问题的能力,发展学生的核心素养,特别是创意实践、审美感知。

第二,项目化学习升级中枢,提升学生综合能力。艺术学科共同体以项目化学习为突破口,从各学科中探索和实践项目化学习活动策略,建立以美术、音乐为基础的跨学科合作项目;利用学校的艺术节、科技节、主题活动等开展主题式项目,例如美术学科的"我是敦煌小画工"跨学科项目;美术、自然融合的跨学科项目玩具"纸"动员,爱心大派送是艺术学科共同体教师努力变革的艺术课堂教学形态,是提升学生核心素养的实践路径。

其中,玩具"纸"动员和爱心大派送项目化学习活动主要起源于校园"蓝天下的至爱"活动中因为学生使用父母的劳动所得捐款产生的问题。如果能用自己的劳动付出换来募捐的钱款是不是更有意义?带着这些问题,本课程实施中采用"校—馆—校"的学习模式,让学生带着研究问题去参观场馆,学习后再回到学校。内容涉及小学美术二年级"会动的玩具"、小学自然二年级"能与能的转化"单元、小学数学二年级"估算"的相关知识。学生在课程学习中扮演着从设计制作会动的纸玩具到合理售卖纸玩具全过程中的制作者、设计者、解释者、销售者角色,通过文化认知、市场调查、参观博物馆、探访身边的玩具制作艺人等一系列探索研究过程,寻找让纸玩具动起来的科学原理,并用美化装饰的方法让玩具变得更美观。

学生在成本核算后以合理的价格通过展销会的形式售卖纸玩具,换来的劳动成果用作募捐款,让募捐变得更有意义。

借助 2022 年版课标出台的东风,艺术学科共同体教师的艺术教育指向核心素养,更关注灵魂,育人观念进一步转变,从学校艺术学科教育向育人铸魂升级。

二、 磁场策源,向社会发力

艺术教育的灵魂有了,立场有了,那么艺术教育该如何打开新格局?艺术共同体教师坚持以艺术课堂为引擎,全方位全过程挖掘丰富的艺术课堂资源。学校向社会延展,与多家博物馆合作,三次走进上海嘉定陆俨少艺术院探索暑期少儿艺术课程;带学生走进博物馆观看"遇见敦煌"展;通过"天音回响"展览亲密接触天坛的"前世今生";到保利剧院观看儿童剧、音乐剧并多次登上保利剧院舞台表演童声合唱、弦乐团展示,形成了系列文化行走活动。学校从艺术资源的集成地成为区域美育的策源地,每一次文化行走之旅都是催生儿童艺术教育全面发展的磁力场,在孩子的精神世界里"绘刻"中华民族精神图腾、上海城市精神、嘉定文化品格。

第一,魔幻与现时之旅,提升学生创意实践素养。我校作为嘉定区"燎原计划"第四批科研成果推广项目"美术馆课程资源的开发和实施"成果输入校之一,前期与成员校开展了联动教研,对"萨尔瓦多·达利——魔幻与现实"艺术课堂资源的开发策略进行研究。在美术课堂上初识达利,孩子们就被达利怪诞且多样的胡子造型吸引,亲切地称他为"怪胡子叔叔"。空灵的梦境、扭曲的钟表、压扁的人形将孩子们拉入达利的魔幻世界中,其建筑师、珠宝设计师、演员、编剧、家具设计师……众多身份也让孩子们心生敬仰。在"怪胡子叔叔"魔幻的感化下,孩子们也发挥想象,创作出了一件件"不可思议"的作品。我校美术社团的部分师生带着自己创作的作品,与西班牙驻华大使馆参赞、西班牙国际合作署、西班牙国家旅游局、塞万提斯学院以及西班牙卡拉-萨尔瓦多·达利基金会成员共同参加了位于龙华中路地铁站厅内开展的"萨尔瓦多·达利——魔幻与现实"艺术空间文化行走活动。

第二,传统与现代之旅,增强学生文化理解素养。2023年5月,学校与"敦煌奇境"策展团队合作,将敦煌石窟第"220窟"的仿真壁画、复原乐器、模型窟等作为课程资源引入校园。采用"沉浸体验"的文化行走模式,围绕第"220窟"的历史、地理、壁画内容(乐器、美术、书法)、供养人、诗歌等知识的建构,关注学生的兴趣点,设计了故事情节。学生以探险小队的身份穿上汉服,带上"公验(唐代身份证)、锦囊、铜钱"穿越回唐朝,为生病在长安的壁画画工李明(教师扮演)给他在敦煌的画工朋友米禄山(学生扮演)送"粉本"。在送"粉本"的过程中,各探险队需要在每个时空场域进行知识、体能闯关以赚取铜钱,最后铜钱最多、使用时间最短的小队获胜。这样的文化行走活动和虚拟场景,促进了以美增智、以美健体、以美促劳及以美渗德的"五育融合"内容综合实践活动实施。

首先,磁场之融。探秘第"220窟"文化行走活动的设计,营造出一个积极、互动、富有吸引力的"教学磁场"。在这个磁场中,教师通过各种教学方法和手段使学生仿佛被一种无形的力量所吸引,能够主动参与到学习中来,积极思考和探索。

艺术学科共同体团队把美育学习之"域"安排在教室即任务发布场地、体育馆即唐朝安福门前、美术教室即丝绸之路、心理教室即翟家窟(第"220窟")内。通过心理场域、自然场域、人文场域融合,通过师生互动、生生互动、古今互动形成美育生命和谐共振的学场、磁场和心理场,促进了学生的德性、知性、智性和质性的完美交融,创生了浸润式文化行走的一种新形态。

其次,磁场之振。在浸润式文化行走中通过"物境""事境""理境"的"三境整合",构建"学习磁场"的交互性。"物境":壁画中出现的仿制乐器拍板、筚篥、排箫等实物;第"220窟"的高仿缩小模型;多媒体还原动感的药师经变乐舞盛景等都让学生获得面对面的体验,第"220窟"中出现的书法、器乐、绘画、诗词都可以在此得到印证。"事境":学生穿上汉服,带上刻有"开元通宝"的铜钱、锦囊、探险手册、旅行文书,公验……等唐朝必备之物,了解了唐朝的宵禁制度后,由9名成员组成的探险小队从"长安"向"敦煌"出发送"粉本"的事件。"理境":"理境"的特点是求真,是"思之于心"的深刻之意,学生在这里透过第"220窟"了解当时的历史、地理、文化、审美的"真态"。

学生在文化行走中明确了主题、路径和任务。学生"身与事接而境生",且三种学习资源的交互性为欣赏美的认知的深化构成了一种独特的"情境"和"意境",实现了磁场共振。"教学磁场"具有无形力量和强大的吸附功能,此外艺术学科共同体的教师还要冲破磁场探索学科融合的无界教学形态。

三、 破圈融合,向无界生长

艺术学科共同体探索项目化学习,积极从"Cooperation(合作)、Explore(探究)、Open(开放)"的视角,打破学科边界,拓展课程内容,创新教学路径,积极探索学校课程元素的优化重组,通过与敦煌文化有效的"对接、融合、破圈",着力实现项目化学习与中国传统文化深度融合,让学生在高质量学习传统文化的同时,通过项目化学习方式做课程的"CEO",成为课堂学习的主角。

艺术学科共同体教师设计了主题为"小策展人"的跨学科项目化学习,引导学生探究发现如何策划一场小型美术作品展览。从向策展人学习、撰写策划书、确定预算筹集资金、发布作品征集令,到布展宣传,学生在项目化学习中分角色扮演着策展者、宣传者、文案撰写者、美术作品创作者、展览搭建者的角色。教师引导学生在实践中进行合理猜想与假设,制订计划并得出结论,对策划过程进行反思与评估,发展初步的筹划思维,促进学生发展"设计改变生活"学科大概念。发展学生团队意识、合作观念,提升审美意识、创新能力以及树立文化自信。

活动一:图像释读,三兔共耳。

在前期准备中,学生们对策展有了初步的了解,在学校蒲公英廊以学生最感兴趣的"三兔共耳"图为展览内容。学生查阅资料发现"三兔共耳"图案非常的不简单,从历史、地理的角度发现了"三兔共耳"图出现的地点分布和古代丝绸之路途径的国家和地点非常吻合。学生从美术学科角度发现了图案美、构图美、寓意美，从数学学科角度发现了"三兔共耳"图中还蕴含着黄金分割和斐波那契数列的秩序美。这些新发现让学生对"三兔共耳"图产生了浓厚的兴趣，学生跃跃欲试，更加期待将自己的发现通过展览的方式广而传播。

活动二：展区规划，安排动线。

关于如何分展区，每个展区的内容是什么，有的小组认为可以从"三兔共耳"图被发现的历史脉络进行分类，分为古代展区、现当代展区、学生作品展区。有的小组认为可以根据"三兔共耳"图本身具有的跨学科特点，分为史地展区、数学展区、美术展区和学生作品展区。大家各抒己见分析优缺点，允许不同的观点同时出现。

校园真实情境是学生发现问题、提出问题的土壤，也是学生进行推理思考、模型建构的保障。学生对生活情境的感受越真实，就越能激发发现问题、提出问题的兴趣，产生强烈的推理欲望，也能为培养高阶思维打下良好的基础。

活动三：出项——成果展示。

在学习过程中，问卷调查表、入场券设计、海报设计、导览词撰写、作品创作都以个人成果的方式展示，一场展览则以团队成果呈现。在开幕式之前，学生们将在全校范围内征集的近 100 件作品按照展区规划进行布展。开幕当天学生根据讨论的分工，有的做导览员，有的做引导员，有的做签到人员，有的做互动展品体验介绍员，有的做展品演示员，有的做展品保护员……一个有关丝路精灵"三兔共耳"的故事，一个有关古丝绸之路文化交融的场景，一幅有关一带一路共筑未来的蓝图，一场视觉盛宴在学生近 3 个月的规划中诞生。

学生从"策展人"生发出多角色体验与实践；从美术学科生发出多学科协同融合；从"三兔共耳"图生发出共绘"一带一路"蓝图；学生的身心成长破圈、融合，从一个起点向多元无界生长。于漪老师说："每个孩子都是活泼泼的生命体。"未来，我们希望学校不仅是区域美育的策源地，更是催生学生全面发展的磁力场。我们将与校内外教育资源齐心发力，把学生培养成拥有民族之魂、健康身心、向美气质、创新动能的时代新人。

学校教育空间需要从美的角度出发，将真善美融会贯通起来。学校物理空间建设的针对性、学校制度空间建设的灵活性与学校精神空间建设的丰富性与适切性既是遵循空间之美的原则，也是从美的角度出发，充分考虑学校教育空间之真善美的和谐统一。学校在奔赴中实现这样的教育理想——让艺术教育从有界到跨界；从跨界再到无界。在行走中传承中华美育，让我们的学校更好地融入社会发展脉动，行走于没有围墙的艺术课堂、校园、社会，为没有边界的教育注入"生机勃勃的少年感"，注入令人振奋的生长能量、时代力量。

（撰稿者：上海市嘉定区德富路小学　王丽丽）

观点透视

纸编艺术的器物之美

纸编艺术是以各种纸材为载体，通过折叠、剪裁、粘贴、编织等技法制作而成的一种纸艺器物。纸编艺术的原始器物形态是安徒生的"心形纸编"，与中国编织艺术的编织技艺相近，是一项传统的工艺技术。传统器物之美体现在形式上的视觉审美和功能上的实用审美两个方面，其文化内涵承载着当代人们对精神和物质生活的美好愿望。纸编艺术不仅美观实用，还蕴含着深厚的文化内涵和艺术价值，是值得尝试探索的一种纸艺形式。纸编艺术以其轻巧、环保、可塑性强等特点，在日常生活和艺术领域中展现其独特的设计美感和精湛的工艺技术，体现了纸编艺术的器物之美。

一、以美术学科教研为基点，提升纸编课堂的教学品质

1. 关注纸编教研成果，提升共同体的教学品质。美术学科共同体成员集中教研活动，创设符合该年龄段的纸编情景，鼓励学生自主发现问题，并讨论寻找解决问题的方法，培养学生严谨细致的科学态度。美术教研组关注纸编的教研成果，构思创设有趣的语言环境，激发学生学习的兴趣，实现纸编课堂教学品质的提升。

2. 关注课题研究，提升共同体成员的研究品质。教研组团队的成长离不开共同体每位成员的积极参与，每个成员发挥自己的专业优势，分别从研究现状、研究目标、研究内容、研究方法等方面进行探讨交流，提升团队对纸编教学研究的科研水平。教研组团队聚焦纸编课堂教学的研究，培养学生的审美能力、创新能力。学校支持教研活动"引进来""走出去"。教研组团队引进专家资源，参与以"趣玩创意小学纸编特色课程开发与实施的实践研究"为主题开展的相关课题论证研讨交流会，助力科研活动顺利开展，帮助教师提升教学能力和科研水平，提升共同体成员的研究品质。

教研组团队通过"引进来"专家资源联动教研活动"走出去"，提升教师科研能力和教学能力。教研组通过开展多次区级交流讲座活动和展示活动，将纸编的研究成果传播到校外，在区域内分享纸编课程开发和研究成果，促进教研组专业水平的提升。教研组通过"趣玩纸编案例改进"在区级教研活动讲座中交流纸编课堂教学的成果，通过分享交流，传播"纸编"这项独特的传统工艺。"趣玩纸编"校本课程在区级平台分享，推广纸编教学融入日常课堂教学。教师们通过体验制作纸编，感受纸编巧妙有趣的传统工艺，鼓励纸艺教育工作者推广纸编教学活动。

美术学科共同体以"分享"促教，共用体成员全员积极参与分享活动，从课内走向课外，从校内走向校外，在团队合作研讨交流分享中，推进美术学科共同体的教研品质提升。

二、 立足多元教学方式理念，提高审美素养

1. 创设教学情境感知纸编的美。通过欣赏实物展品，创造真实的教学情境，让学生感知纸编艺术的美。在纸编课堂教学中，教师带领学生参观本校的纸艺特色课程。学生通过参观学校艺术楼道、美术廊道体验区、创新实验室2的专栏、橱窗、展区所展示的纸编展品，直观了解纸编这项工艺，感受纸编的魅力，激发好奇心。欣赏本校同龄学生自主创作的纸编作品，降低了学生对创作的畏惧心理。用摸一摸、闻一闻、听一听、编一编等方法探究实物展品，让学生近距离接触实物，自主探索发现各种工具的使用功能、纸材的性能、综合材料的特点，这些方式都可以引起学生学习的兴趣。

教师通过提出问题创设有效的教学情境，让学生感知纸编艺术的美。具体而言，教师从学生对真实问题的反馈中了解学生的学习经验和生活经验，结合主题学习任务，设计有效、有深度的教学情境。教师突破陈旧的思维方式，创设有针对性、有价值意义的问题，引导学生创新创作有新意的纸编作品，培养学生的创新能力。

2. 从自然生活中感受纸编的美。美无处不在，人们通过感知和体验发现生活中的美。教师鼓励学生在日常生活中走近大自然，通过对大自然的观察、思考，感受自然风光的美，将大自然的元素转化为美的形式，作为创造美的载体。教师利用美术课堂的学习，引导学生从大自然中寻找美的元素，探索发现美的规律。纸编的教学活动从课堂走向大自然，让学生感受自然与生活中的美，探索发现美术与自然之间的联系，结合纸编元素设计思路，创作具有美感的纸编作品。

3. 在参观展览中体验纸编的美。教师组织学生参观纸艺展览、画展、博物馆等各类展览活动，鼓励学生结合自身生活经验自主发现探索各种工具的使用功能、纸材的性能、综合材料的特点，设计有美感的纸编作品。学生在参观各种各样的展览中，探索时间、空间、环境、光影、声波、电流等元素带来的多维感官体验，把

所思、所感、所想的真实体验和感受转化成纸编创作。学生在参观展览中体验光与影的艺术空间,体验各种创意造型设计、光影装置等带来的震撼的视觉感受。学生巧妙地利用光与光影的特点,把参观中产生的灵感创意实践到自己的作品中,尝试创作光与影的纸编装置艺术。

4. 从实践活动中创造纸编的美。鼓励学生积极主动地参与课堂实践活动。教师以学生学习为主体,尊重学生个体或集体的想法,参与探索问题的逻辑思维和构思设计,引导学生参与课堂学习的全过程,从而帮助学生积极参与课堂,探索求新知、创新知。鼓励学生在实践活动中自主发现问题、提出问题,探索分析解决问题,在实践中不断改进设计方案,整理归纳具有美感的元素,如从配色、大小、造型、创意的编织图案等方面思考有美感的设计,反思、改进、优化设计方案,创造有创意的、有美感的纸编作品。

5. 在展示交流中传播纸编的美。利用嘉定本土地域特色文化资源,如马陆葡萄、南翔小笼包、嘉定图书馆、徐行草编等,在课堂中渗入传统文化内涵,增强民族荣誉感,让学生感受生活在嘉定的美好,增强民族文化自信。嘉定黄草编织是中国传统的编织工艺,与纸编有着相类似的编织技法。2021年10月,我校学生参加嘉定区少先队共享社团展示活动,将草编和纸编有机融合,让非物质文化遗产有了创造性的转化和发展。

教研组借助展示活动的平台,提供体验所需的工具和材料,让更多人体验纸编创作的乐趣,推动纸编传播,提升推广效果;通过各个展示活动平台的交流互动,促进纸编展示的流动和传播范围,使纸编的传播方式充满活力。由教师带领学生参加多项纸编展示交流活动:2022年11月2日,学生参加嘉定区教育嘉年华活动展示推广纸编;2022年11月25日,学生参加嘉定区马陆镇教育年会活动展示推广纸编;2022年11月29日,学生参加嘉定区曦城学区德育联盟劳动课程展示活动推广纸编;2023年8月29日,学生参加嘉定区推进关心下一代工作主题展示活动推广纸编;2023年9月10日,学生参加嘉定区庆祝第39个教师节主题外场展示活动推广纸编。学生通过大胆自信的交流和互动,感受到传播推广纸编这项传统工艺的光荣使命。纸编是学校的特色课程,学校为纸编课程提供展示平台,有机会让学生的纸编作品从校内走向校外,把纸编这项工艺推广到校外,让纸编这项工艺在校外得到了有效的宣传。

三、 聚焦学生综合素养、促进跨界融合

1. 跨学科融合,培养学生综合素养。纸编的创意设计,需要联合自然、数学、劳技、音乐、德育等学科知识,同时,还可以借助科学技术手段,利用光学、电学、交互式体感、AR(增强现实)技术、全息投影技术等。跨学科融合学习是纸编课堂的新型教学模式,既能促进学科之间的融合,又能提高学生的综合实践能力。教师鼓励学生多角度思考问题,利用各学科的知识和技能联合探索解决问题的方法,以整体、全面的思维方式,将跨学科知识融合应用到实际问题中,理解并突破学科之间的界限,探索有创意的设计。

2. 纸材融合综合材料,培养审美能力。纸材作为纸编的主要创作元素,有着极强的可塑性,表现形式丰富多样。教师鼓励学生尝试用摸一摸、拉一拉等方法探究纸材的硬度、质地、韧度、吸水性能等特点,感受纸材的肌理美感,并学会结合材料综合运用。纸编可以和架上绘画融合,也可以在立体空间中展现其特殊的语言,纸编可谓是"百变精灵"。学生将纸编元素融入自己的生活体验,对纸编设计创作有了新的思考和突破。纸编设计为学生提供了无限想象的创作空间,学生可以跨越传统与现代、平面与立体、静态与动态的界限,深入探索更多元化的创意设计。学生以纸作为主要创作材料,以综合材料为辅助创作素材,结合灯光装置、电动转盘装置,使纸编创作形式突破传统材料、形式、空间的限制,由静态演变成动态的装置艺术。综合材料立体装置作品不仅能表现自然的原生态的生机和活力,又能体现科技现代化的创新,以其巧妙的色彩搭配,错落有致的造型变化,增强了立体装置艺术的视觉冲击力,传达着学生创作的情感变化和审美意图。纸编装置立体作品以独特的方式诠释了纸编设计丰富的层次感和空间感,通过拼贴、折叠、

剪裁和堆叠等方式营造出协调的视觉效果。总体而言,纸材和综合材料的融合创作,既体现出了传统与现代文化元素的包容与融合,又展示了纸艺在多元化发展中的无限创造力。

精美的纸编艺术设计作品可以传达温馨美好、愉悦舒适的心情,不仅展现了纸艺器物人文情怀的魅力,又能满足学生工艺美感的视觉审美的需求。学生通过小组讨论设计有创意的纸编作品,从实践中自主发现问题,探索解决方法,自主完成纸编作品的创作。纸编艺术的器物之美是学生独立思考和自主创作的体现,是学生创作中对整体与细节精致美的追求,是学生设计匠心和艺术灵感的挥洒之地。纸编艺术的器物之美,蕴含着学生对未来生活的美好向往。

(撰稿者:上海市嘉定区德富路小学　刘月婷)

实践偶得

"动画首映礼" 的规律美

一、困扰: 是 "移动" 还是 "灵动"?

"为什么这些孩子明明清晰掌握了定格动画的制作技法,却还是做不出有美感、有灵气的作品呢?"这是在一次有关定格动画的专题教研中,专家向我们提出的问题。事后几位老师围坐一起分析了这些缺乏美感和灵气的作品。是的,与其说那是定格动画,不如说是僵硬的"移动实验",所有的动作只是停留在简单的匀速移动,不免让人看得疲劳和无趣。我们一致认为,最重要的定格动画教学问题是解决如何让学生的作品"灵动"起来。就此切入点,我们从动画基本原理、故事情节与角色设定、动作捕捉与表演以及艺术融合等角度入手,提炼背后的理论与

"灵动"的关联,企图从根源寻找解决问题的答案。

　　教育学家陶行知提倡"生活即教育"的理念,强调教学过程要紧密结合生活实际。在理论研究的过程中,我们也发现动画的创作基础来源于生活经验。例如为定格动画奠定基础的皮影戏和木偶戏,又如自然界中动物的动作和表情,人类的生活习惯以及日常生活中的物件和环境等。通过对生活中的点滴进行观察、提炼和再现,学生们可以创作出富有感染力的动画作品,使观众得以领略生活中的美好瞬间。

　　于是,我们决心从真实的生活情境中去寻找答案！我们引导学生关注生活,挖掘生活中的灵感,并探索出学科融合、有效突破学生定格动画制作难点的教学策略。

二、 谋划:"三把利器"助力"我的动画首映礼"

　　我们以动画首映礼作为教学中学生学习的驱动力,以三门学科作为"助力利器"推动本次动画首映礼有效进行。

　　第一把利器:节奏助力快慢效果

　　在舞蹈表演过程中对节奏的控制可以很好地表现动作的快慢,我们借此引导学生将注意力转变到动作快慢对动画效果的影响上。经过与音乐老师的跨学科教研,我们找到的解决办法为:从美术与音乐学科共同使用的概念"节奏"入手,使学生形成动画中的快慢感知。

　　教师通过将机械舞及根据音乐自由跳动的街舞进行对比,让学生发现,机械舞之所以产生机械感是因为其匀速的特征,而随音乐跳动的街舞之所以灵动是因为其节奏感特别强,产生了较为合理的动作安排。

　　在了解了节奏感的重要性后,我们为学生设计了一系列拍摄任务。但相较于之前的拍摄,有意将主体替换为真人,从而降低了动作的难度,同时将动画的拍摄时间缩短至3—4秒,目的在于聚焦定格动画中快慢的表现,增强动画的生动性。

学生在学习中也逐渐产生了一些节奏意识,为之后的教学提供了助力。

第二把利器:长度助力关键帧

感知到运动快慢给动作带来的效果冲击后,学生的定格动画制作仍旧不算完善,学生对于快慢动作应发生的关键点仍旧不能做出妥善安排,显然这也是定格动画制作中的难点。为了更好地解决这个问题,我们在教学中运用了最易视觉化的运动路径总结出几种常用的运动路径图(如图7-1)。

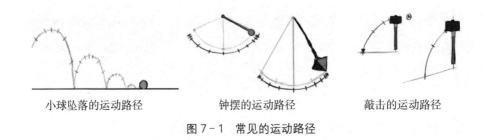

小球坠落的运动路径　　　　　钟摆的运动路径　　　　　敲击的运动路径

图7-1　常见的运动路径

对比专业的运动路径图设计,我们更聚焦于学生在实践中感受到的运动形式,并用数学知识中的时间(1秒)和长度(30厘米)量化路径。学生有了一个固定时间和固定长度的运动感知后,再学习对半分割运动的关键帧,进而能够从理论上架构好自己的动画动作,推进定格动画运动的可信度及动作美感。

教师通过对路径进行中割帧动作,分析了加速运动在不同路径不同位置的效果。有了在路径中测量的基础,学生有理可依地对快慢进行分割,再通过几种不同的运动路径和中割帧的运用,尝试套用类似的动作,从而掌握了对快慢的关键帧的运用和设计。

第三把利器:演绎助力运动规律

学生养成了设计运动路径的习惯,并有意识地为其添加快慢速度的变化后,动画中的运动看上去确实有了一些"人情味"。但是,大脑的意识不会欺骗自己,学生仍旧能感受到动画动作的不真实。对小学阶段的学生来说,动作规律的精准演绎已经上升到更大难度。运动规律也是一种自然法则,很多知识涉及物理学科的概念,例如重力加速度、变形、弹力等。学生如何用已学知识分解动作中的快慢关键帧,成为教学中的最大阻力。为了攻坚克难完成这一任务,课程设计仍遵循学生为主体的教学模式,分解为两个主要模块,一是通过教师的分解示范使学生理解各类动作规律遵循的方法和原则,二是通过学生自主认领动作,并通过运动规律卡这个学习支架完成对复杂动作的探究和洞察。

由于课堂35分钟分析常规的运动例子远远不足以解决动画中复杂的运动问题,每位学生在课后自发领取了一项观察任务,即总结和示范各种物体的运动规律,并制作成运动知识卡粘贴在教室的显眼位置。运动规律卡由教师提前制作,需要每位学生写清运动的自然原理,尤其要结合实验亲自验证运动规律,并结合所学知识分析动作快慢的安排,以及画出运动路径图分析其关键帧位置(如图7-2)。

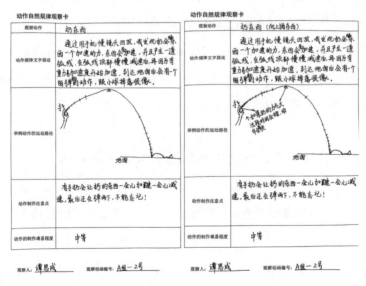

图7-2　实践填写和查阅资料后的观察卡前后对比

通过学习,学生直观地感受到了运动规律的实际应用,他们开始明白,理论知识并不是抽象的,而是与我们的生活息息相关。通过亲身实验与理论结合,学生们对运动的规律有了更深入的理解,他们也更加明白,只有理解和掌握运动的规律,才能创造出真实、自然的动画效果。在接下来的课堂学习中,学生们也继续保持探索,发现了更多的运动规律,并将这些理论知识运用到了动画设计中,使他们的作品更加丰富且"灵"活。

三、 出品:我的动画首映典礼

经过一系列的学习,学生在动作的设计上有了很大的突破,再结合童趣的故事或身边发生的事件,他们轻松完成了动画首映礼的初稿。所有的动画作品经历了两轮修改,修改的聚焦点主要放在速度快慢的调整上,学生也通过不断地演绎、修改中割帧位置等方法反复对比形成了比较满意的最终效果:一个6分钟的动画合集。

在这次动画初稿的审核中,所有的小组成员围坐在一起,共同探讨,为自己小组的动画作品代言,也为其他小组的动画作品出谋划策。经过老师的引导,学生把更多精力放在如何区别各自动画的优化上,集中精力打磨好动画的内容逻辑及动画的有趣度。当然公平起见,大家还为这次首映礼制作了酷炫的片头以及温馨的结尾 vlog(视频日志),让全校师生眼前一亮。

四、 触动:抽丝剥茧、理出定格动画教学的千头万绪

第一,从易到难,逐步递进动作的难度。动画教学中最难的是动作的设计,它牵涉的知识领域较多,学生的学习探索自然不能一蹴而就。从易到难、逐步递进地设计学习支架是值得反复实践和构思的教学策略,其中意识的输入和巩固是我在教学中最大的收获。

以动作快慢意识为例,它看似是一个十分简单的理论,学生在实践过程中却时常将其忽略,或者因为有难度而"偷懒"放弃。反复的实践和强调动画中的快慢,可以说是后续难度递进的必要基础。一旦有学生出现怠慢或忘记,教师都要及时干预其进程,让其自主复盘和修改。意识就这样在一遍又一遍的反复加工中

转化成严谨的态度。对比之前的拍摄,学生愿意一帧一帧地发现问题,也在一帧一帧地修改后收获了更佳的动画呈现,体会到动画制作中的独有乐趣。

第二,从问题出发,于实际困难中发现真实需求。问题,尤其是实际存在的问题是推动教学的最强动力。在本案例中,学生在从易到难的过程中不断地发现问题,从不同学科的融合中发现问题,从实践中发现小组合作的问题。问题的不断发生推动了教学的不断进步,学生从问题中不断收获挑战和动力,教师也在其中找寻动画教学的出路。也只有这些层出不穷的问题,才能让教师体会到学科融合给教学带来的新视角,才能让学生获得更好的学习支架,学会以更广阔的视角解决问题。

第三,精准融合,激活学生综合素养。定格动画的教学带有跨学科属性,然而学科之间的精准融合,不能为了跨而跨,也不是为了融即融,要让学科的关联精准服务于学生的学习理解,激活其综合素养,是教师在动画教学过程中始终秉持的宗旨。教师通过与各学科教师的交流和探讨,预设了层层递进的学科关联性,学生从一门学科的学习中掌握的是动画的关键技能,如果发现问题就由另一门学科予以有效解决,环环相扣,让学科知识的学习在解决问题的过程中真实发生。学生也在自主探究的过程中学会了迁移和运用,培养了解决问题的能力,懂得如何思考,在创造力、想象力和审美判断等综合素养上也有了一定的锻炼和提升(如图7-3所示)。

五、 感悟: 跨学科实践,学习素养的集结

一个问题引发了我们对定格动画教学的深度思考,创生出学科融合的思路。教师通过引导学生感知节奏、分析运动路径的长度与运动规律,帮助学生形成了动作速度设计的意识,提高了学生动画制作的质量。在定格动画教学中,节奏感的培养是关键。在动画中,节奏决定了动画的快慢、停顿,以及动作的变化,这些都是构成规律美的重要因素。通过感知节奏,学生能够创造出具有韵律感的动画,使画面动作更加自然和谐。在动画制作中,合理地设计物体的运动路径和速

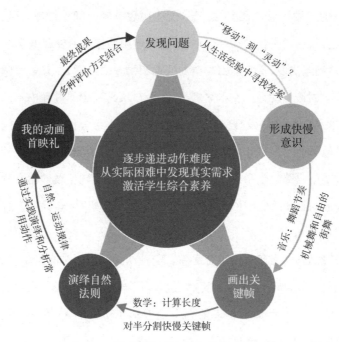

图 7‑3　定格动画"动作设计"教学流程图

度变化,可以使动画看起来更真实、自然,这同样是规律美的体现。在动画中,动作设计的合理性直接关系到动画的观赏性。对动作速度的细致设计,可以使动画角色的动作更加符合生物学和物理学规律,从而提高动画的自然还原度。将不同学科的知识融合到动画制作中,使动画作品更加丰富、多元,这也是规律美的一种体现。总的来说,规律美在定格动画教学中体现在对运动规律的深入理解和运用上,以及对动画节奏、动作设计的精细操控,这些因素共同作用,使得动画作品更具自然、和谐、多元之美。本次教学实践在一定程度上提高了学生对定格动画动作速度设计的掌握水平,但仍需在后续教学中不断调整和完善。今后的研究可进一步探讨其他影响动画质量的学科因素,并尝试将本研究结论应用于其他领域,以期为今后小学基础美术教学中的定格动画教育的发展贡献力量。

(撰稿者:上海市嘉定区德富路小学　王璐)

定格动画的真实节奏

《义务教育艺术课程标准(2022年版)》在"造型·表现"艺术实践中加入了动态造型和多维造型内容。美术课程内容第二学段(3—5年级)的学习任务2"表达自己的想法"明确提到"能选择身边的物品或自己制作的泥塑作品。用数码相机、摄像设备拍摄,结合计算机动画软件制作定格动画作品"。要制作合格连贯的动画,学生除了会使用多媒体设备,还需要掌握一定的动画知识,其中"时间轴"的绘制就像编曲需要先写乐谱一样重要。依据我校学情,将定格动画课程分为"动画基础""故事创编""运动规律"三大板块。"真实"的节奏是"动画基础"板块中的最后一课。

一、案例概述

"动画是以时间为刻刀,切割帧的艺术。"从角色个性化的运动和造型设计到镜头语言的运用等,动画中的方方面面都需要我们去考量。这赋予了动画一个多元属性,就学科层面而言就是跨学科。从信息技术到艺术,甚至到物理、数学,都是支撑动画拍摄的必要知识和技能。

"真实"的节奏一课旨在解决动画动作拍摄的真实性问题,以"时间轴"为学生学习的支架。"时间轴"是传统动画师常用的记录动作的手段,涉及空间和时间的概念。关于空间的概念,小学高年级的学生在数学课上已经学习了数射线,对于速度中时间和距离的关系也有了一定的理解。至于时间概念,他们在音乐课上对于节奏也有涉及。因此,本课以数射线的距离结合时间来引入时间轴的概念是有一定的基础的。

二、 活动目标

1. 素养目标:基于学生年龄和认知水平,本课旨在培养学生三个方面的艺术核心素养。

审美感知:学习动画"时间轴"等相关知识。感受带有不同节奏变化的动作给审美对象带来的富有意味的表现特征,提高感悟能力。理解动画是认识与表现自我、他人和周围世界的重要方式。

创意实践:用动画师的思维方式提出各种构想,并能灵活变通,用各种动作设计表现创作有创意的动画作品。

艺术表现:学习动画师的表现方式,能用多媒体与综合材料和夸张、变形等手法,创作动画作品,涵养热爱生命和生活的态度。

2. 学科目标。

知识与技能:知道加速、减速、停顿是变速运动的三个基本元素。运用变速运动设计拍摄更真实的动画,综合各种信息,运用合理的算法设计"时间轴"。

过程与方法:通过欣赏体会舞蹈动作,知道变速运动让动作更加真实。通过束射线和五线谱设计理解"时间轴",通过"时间轴"的使用加深对变速动画的理解。

情感、态度与价值观:感悟动作的速度变化与节奏感,萌发观察生活中运动规律的意识和兴趣。培养探索解决问题的主动性。

三、 活动过程

1. 观察生活具身体验。学生通过观察、聆听、触摸、律动等复杂的感觉通道和运动系统具身体验舞蹈的节奏感。他们利用各种感官的各司其职、相互协作,接收外界的多种刺激,为后续的认知加工提供丰富的基本感觉信息。

教学片段一

课前准备时间,听一听、看一看、跳一跳——一段街舞,引导学生感受舞蹈和音乐中所带来的韵律感。

"现在请同学们欣赏一段舞蹈。"

在充满动感的舞蹈中,孩子们都能跟随音乐律动起来。

请大家想一想:"跳好一支舞最重要的是什么?"

"节奏感。"学生凭借音乐课上的知识做出回答。

"那什么才是节奏感? 怎样才能有节奏感呢?"

有舞蹈基础的孩子用肢体展示了节奏感。

"有节奏感的动作时快时慢。而缺乏节奏感的动作快慢变化不明显。"(展示上节课拍摄的学生定格动画作品)

"像这种没有速度变化的运动,我们称之为匀速运动。"

"如何让我们拍摄的动画更真实呢? 我们要从生活中找找答案。"

孩子们充满好奇地尝试各种生活中的动画,并仔细观察所做的动作的速度变化。孩子们惊奇地发现:

"我发现我们做的动作几乎没有匀速的动作。"

"我们在生活中几乎很难找到匀速的运动,像这种有速度变化的运动,我们称之为变速运动。"

本环节的主要设计目的是让学生从舞蹈的节奏感引申出生活中的变速运动都有节奏,引导学生发现运动有"匀速运动"与"变速运动",并发现生活中的所有运动物体大多都是进行变速运动,而"变速运动"会让动画的动作更有真实感。

2. 跨越学科协同育人。"创造性的灵感往往来自跨学科的交叉思考。"我们将不同领域的知识和思维方式结合起来,就能够产生新的视角和联想,从而激发出创新的想法和解决方案。因此,应综合运用所学知识,解决真实问题,助力学生形成核心素养,发挥学科育人合力。

教学片段二

大家再活动一下自己的身体,并仔细观察一下。我们在运动的时候,速度有哪几种变化?

孩子们又一次发现了其中的秘密:

"我发现有时我的动作变快,有时我的动作变慢。"

"我们发现物体在变速运动的时候速度主要有加速和减速的变化。"

"就像赛车的起步就是'加速运动'。"(展示赛车启动视频)

"我们通过对生活的观察,发现了加速和加速运动。"

"现在试试拍摄一下变速运动,思考一下如何拍摄?"

尝试拍摄变速的运动。最后孩子们带着问题提交了他们的作品:

"老师,我发现,我在拍摄的时候控制好每一帧物体移动的位置大小,就可以控制物体移动的速度。但是变速运动是有了,就是很难拍摄到我想要的速度变化。我要尝试很多次,才会有相对满意的效果。"

"恭喜你发现速度的变化与物体的移动距离有关。"

(出示五线谱和数射线)"我们无法控制速度,是因为没有记录量化。观察一下音乐的五线谱是怎么记录节奏的。"

孩子们借助以往拍摄定格动画的经验认真思考如何记录动作,并新奇地发现五线谱、数射线和定格动画拍摄的共同点:

"我们在拍摄定格动画的时候,每一帧的拍摄时间是固定的,就像五线谱中的节拍与固定的小结时间。物体的移动可以用数射线来表示距离。"

"我们用数射线的形式来记录物体的移动,但是这次每一格的距离不是一样的,每一格代表拍摄一张,所以时间是固定的。在固定的时间里这一格越长就代表移动的速度越快。更有趣的是,由于我们的运动不会一直是直线进行的,所以我们这条'数射线'可以是弯曲的。关于这样的线,我们取了专业的名字,称之为'时间轴'。"

在本环节的设计中,初步引导学生通过尝试和体验自主发现变速运动的基本类型。组织学生观察归纳,培养学生观察生活的习惯。在原有知识积累的基础上,对照直尺上的标尺以及五线谱上的节奏寻找时间轴的形态,发现记录运动的方法。让学生学会对于不同学科知识点的举一反三,灵活运用。

四、 实践应用解决问题

"实践是学习的最佳途径。"这一观点的主要依据是马克思主义认识论。实践不仅是理论的补充和应用,更是一种主动、创新和社会性的学习方式。通过实践,我们可以更好地理解和掌握知识,提高解决问题的能力。实践是学习的源泉与动力,只有在实践中不断尝试、不断探索,才能够获得更多的知识。

教学片段三

"让我们设计一个'时间轴'拍摄一格定格动画试试。你还有哪些改进建议?"

学生绘制时间轴,并在反复的尝试中发现了以下问题:

"我发现很难把握线段的长短。如果前面的线段画长了,后面的线段有可能画短,或者画不下。"

教师引入"中割帧"的方法。

孩子很快通过找中间帧的方式,绘制并拍摄有不同节奏变化的变速运动。

本环节的设计目的是让学生通过观察和尝试,学会根据动作绘制时间轴的方法。学生通过运用时间轴拍摄定格动画,体会不同的运动规律,在此过程中培养自主发现问题、解决问题的能力。教师以中割帧作为支架,降低学生对于绘画"时间轴"的难度预期,并通过时间轴和动画拍摄,让学生更进一步体会出动作中所蕴含的节奏感。

五、 活动反思

1. 联系生活,培养观察感知能力。本课主要是培养学生的观察能力,以及对于不同的动作的感知能力。人们对于日常司空见惯的事物往往是最感知不到的，因为它一直存在，你已经习惯了，也不会刻意去观察它。在教学片段1中舞蹈→节奏→变速运动→动作的真实感，是为了引导学生注意到生活中最习以为常的动作，因为只有观察到动作的存在，才能感知到其中的节奏感。有了第一次的感知，学生就会一直注意到它的存在，会不停地观察感知，对动作的体会也会更深刻。

2. 跨越学科，培养学生知识迁移与创造能力。跨学科的学习旨在让学生建构系统的知识结构，以便在面对新问题时能够灵活运用他们的知识体系来解决问题。以分学科的知识体系构建内容，容易导致知识与现实生活脱节。本课中，在如何解决捕捉动态造型的问题上，光靠感知还是很难让学生接受和正确表达的，因为这是一个比较抽象的概念。在教学片段2中为了引入"时间轴"这个可以量化的学习支架，分别以数学中的"数射线"与音乐中的"五线谱"为例，让学生从其他学科的知识结构中寻找共通点，从而理解"时间轴"的基本含义和作用。

为了支持不同学科结构的迁移和融合，在教学片段3中，学生通过绘制理论上的"时间轴"，并实践拍摄动画，发现了时间和距离上记录拍摄所存在的问题，并创造性地解决存在的问题。例如：以在透明背景纸背面做记号的方式来解决"时间轴"线段长短与数量难绘制的问题。用秒表记录动作总时间的方式来推算此动作所用帧数的多少问题等。通过速度的概念，以及传统动画中"中割帧"方法的引入，来解决如何在实践拍摄中很好地运用设计的"时间轴"的问题。

跨越学科主题学习的学习方式通过整合不同领域的知识和技能，培养了学生解决现实问题的能力。这不仅拓宽了学生的视野，还锻炼了他们的创新思维、实践能力和创作能力。这些能力让学生在面对复杂的问题时能够更加灵活地思考和解决问题。在信息智能化的未来，这种能力显得尤为重要。

（撰稿者：上海市嘉定区德富路小学　赵少华）

人物镜像

课程 CEO 的华丽转身

随着教育理念的更新和教学方法的多样化，传统的教育模式正逐步向以学生为中心、注重实践和创新的教学模式转变。在这一过程中，教师和学生都需要转变角色。教师要具备课程创生的能力，保持 Continuous（持续性）、Enthusiastic（自觉性）、Overall（全局性），成为课程的 CEO。引导学生在合作、探究、开放的环境中成为 Creator（设计者和创造者）、Experiencer（经历者和经验者）、Organizer（组织者和管理者），师生共做校园 CEO。本文以"小策展人——有趣的三兔共耳图"项目化学习设计为例，探讨教师和学生在课程中如何分别扮演好"CEO"的角色。

一、 教师成为课程的"CEO"，由"教书匠"转变为"课程创生者"

核心素养时代，伴随新一轮课程改革，教师的角色须进一步由课程实施者向课程创生者、领导者转变，在课程设计、开发、建设方面发挥"CEO"的作用。课程创生需要教师根据本地本校的实际情况、自己的知识经验和能力优势、学生的兴趣爱好和发展水平等，在整个课程开发、实施和研究中通过批判反思实现对课程目标、课程内容、课程意义、课程资源和课程理念的持续主动建构，自觉、有意识地变革课程的各要素，以达到最大限度促进学生发展的根本目的。通过课程创生促成课程、教师和学生三位一体发展。

第一，Continuous（持续性）。课程创生并非一蹴而就，也不是一劳永逸，而需要持续不断地进行。社会的不断变革，对教育和人才培养不断提出新要求。要使学校课程更加符合社会变革的要求和学生发展的特点，教师需要持续不断地变革、完善和创生课程。我校教师团队在设计"小策展人"项目时,是基于学校近两年持续探索敦煌文化的活动,并结合校园环境建设需要生成的课程。项目分为入项、实施、出项阶段,教师持续跟进每一节课,根据课堂实效及时反思改进,灵活调控,确保学生的文化自信培养和策展关键能力的掌握。项目的结束并不意味着课程的结束,教师会根据第一次项目实施进行二次迭代,为下一次的项目化学习提供宝贵的经验。只有保持对课程持续性的创生,才能设计出更适合学生发展的课程。

第二,Enthusiastic(自觉性)。"双新"环境下的课程创生是教师对课程目标、内容、资源、理念等所进行的一种积极变革和主动建构。开学前,教师就主动思考如何将以"三兔共耳图"为主题的策划展览与课程目标、内容、资源等相结合,构建出有趣、有深度、有挑战性的项目。教学实施过程中,教师积极寻找和利用各种教学资源,如校外美术馆、网络资料、实物等,以丰富项目的内容和形式。项目结束后,教师对项目的设计和实施过程进行反思和总结,发现其中的优点和不足。根据反思结果,教师继续调整和优化项目设计,并与同行积极交流自己的项目设计经验和教学心得,共同进步。教师不再是被动地执行教学计划,而是主动地思考如何将课程目标、内容、资源等与学生兴趣、需求相结合,创造出具有挑战性和创新性的学习任务。此举提高了课程质量,也促进了教师的专业发展。

第三,Overall(全局性)。教师的全局性是指教师在课程的设计、实施和评价等各个环节中,能够综合考虑多方面的因素,确保课程的连贯性和完整性,从而为学生提供更加丰富、有深度和有意义的学习体验。"小策展人"课程创生之初,教师结合美术学科特点、学生需求以及社会发展趋势,制定出明确、具体且富有挑战性的课程目标:策划一场中华优秀传统文化的展览。通过跨学科的内容整合,学生能够从多个角度理解"三兔共耳图"的意义和价值。设计一系列具有层次性和连贯性的综合活动,如实地考察、小组讨论、展览策划、布置展厅、展览开幕等,引导学生逐步深入探究。制定评价工具时,全方位对学生在项目化学习过程中的表现进行持续观察和记录,关注学生的学习过程、参与程度、合作能力、创新思维等方面的表现。这种丰富、有深度和有意义的学习体验,促进了学生的全面发展。

二、 学生成为课程的"CEO"、由"记忆者"转变为"课程探究者"

学生在合作(Cooperation)、探究(Explore)、开放(Open)的环境中,成为项目的Creator(设计者、创造者)、Experiencer(经历者、经验者)、Organizer(组织者、管理者),通过项目化学习方式做课程的"CEO"。

第一,Cooperation(合作)。在合作学习中让学生成为项目的设计者、创造者(Creator)。

首先,共享合作中让学生成为设计者。在"小策展人"项目中,学生需要分组合作,共享信息,研究和探讨"三兔共耳图"的审美特点、文化内涵、艺术价值以及其在历史中的地位。策展初期,学生共同设计讨论是否以"三兔共耳图"的历史背景、文化内涵及艺术特点作为展览的核心内容,如何划分展区、设计动线以向观者更好展现"三兔共耳图"的文化内涵。学生们在合作中各抒己见,允许不同的观点碰撞,经过多次的展区设计、修改和再设计过程,最终达成从"三兔共耳图"涉及的不同学科知识设计展区的意见。这种设计过程让学生更加主动、深入地参与项目,增强了他们的责任感和主动性。迭代的设计过程使学生思维由低阶转向高阶,培养了他们的批判性思维和解决问题的能力。

共享的合作模式,既促进小组成员互相帮助,又使每个成员都能成为设计者、创造者,体验到做学习"CEO"的价值。

其次,学科合作中让学生成为创造者。不同学科之间的融合合作,让学科之间从割裂走向融合。这也是小学生学科核心素养培养的路径转向。在针对"三兔共耳图"的认识过程中,学生通过把语文、地理、历史、美术、数学等学科合作整合,形成了对"三兔共耳图"的触感和质感的辨识。作为项目的创造者,学生需要发挥想象力和创造力,设计展览的布局、选择有趣的展品、提升互动体验、撰写导览词等。这些创意性设计使展览更加生动、有趣,更能吸引观众的注意。这种创造性的过程既锻炼了学生的创新能力，还培养了他们的艺术审美和表达能力。

合作(Cooperation)学习中，学生真正成为项目的设计者、创造者(Creator)。在迭代的思维碰撞中，学生聚焦对话传统文化，创造性地发扬传承传统文化。

第二，Explore(探究)。在技能探究中让学生成为学习的经历者、经验者(Experiencer)。 通过入项、实施、出项三个阶段，学生在技能探究中逐步成为学习的经历者和经验者。

首先，入项阶段，学生是经历者。 在技能探究中，学生首先需要进行探索(Explore)，对相关技能或领域进行初步的了解和研究。这一阶段，学生需要主动收集信息、分析问题，并尝试找到解决问题的方法。为了了解什么是策展，策展人的工作是怎样进行的，学生分别以"观展者"和"策展者"的角色进入展厅参观展览，不同角度的观展旨在让学生从亲身经历中对真实展览产生问题，在和知识的具象联结后进行探究，再次回到学校的展厅，将知识迁移，完成为学校策划一场展览的大任务。通过亲身经历，学生的探索不仅能够建立起对策展技能或领域的初步认识，还能够培养自己的好奇心和探究精神。

其次，实施阶段，学生是经历者，更是经验者。 随着探索的深入，学生逐渐从探索者转变为经历者和经验者(Experiencer)。在这一阶段，学生需要亲身实践、动手操作，将所学知识应用于实际情境。布展时，学生用美术学科中的形式美法则——对称、平衡、节奏、对比等——具体化到空间布局。学生通过色彩、光线、质感、形状和线条的巧妙搭配，营造出既和谐又有视觉冲击力的展览氛围。展品摆放的位置、疏密安排、高低悬挂、色彩搭配，都是对学生审美判断和创意思维的考验。在基于教材的海报和入场券的设计中，四、五年级学生根据展览主题进行色彩、图案的选择和文字的设计，制作出有美感的海报和入场券，把学习真正运用于现实生活。

再次，出项阶段，学生是经验者。 项目学习成果的表达是推动学习走向深层的重要手段，一场展览的开幕则是学生学习成果展示的绝佳机会。展览开幕式上，学生熟练地进行导览、演示互动展品等。一场有关丝路精灵"三兔共耳"图的故事,有关古丝绸之路文化交融,有关"一带一路"共筑未来蓝图的视觉盛宴,是在学生不间断地探索、实践、经历中呈现出来的结果。通过亲身经历,从反思、优化,到熟练导览,学生能够更深入地理解技能的运用和原理,积累宝贵的经验。学生通过在实际经历中探索、解决遇到的各种问题和挑战,实现了从 Explore(探究)到 Experiencer(经验者)的转变,这有助于学生更好地应对未来的人生。

第三,Open(开放)。在包容开放中让学生成为项目的组织者、管理者(Organizer)。

首先,开放的资源组织让学生成为项目管理者。策划展览时,学生作为管理者,确定展览主题,向全校学生征集展览作品,制定评审标准,评估参展的作品质量,协同商议策划、设计展品、布置展品,制定开幕式方案等,合理分工确保各个环节都能根据学生制定的规划表按期执行。学生的领导力、财务管理能力、审美能力以及人际交往能力都在活动中得到锻炼,这些都是"CEO"应该具备的必要能力。

其次,开放的学习时空让学生成为学习组织者。"小策展人"项目中,学生们在每节课 2/3 的时间里都在自主探究。他们不再是被动的学习记忆者,而是更加自由灵活和主动积极地学习。例如:各小组根据任务分工制订项目计划和时间表,与广告公司沟通协调布展费用,维护展区展品,这些都是学生在课后自发组织的对项目监控跟进。在包容开放的环境中,他们对项目的组织日趋条理化。

基于中华优秀传统文化的"小策展人——有趣的三兔共耳图"跨学科项目化学习设计中,教师首先要成为课程"CEO",创设使学生主动参与美术学习的课程,引导学生在一种动态、开放、主动、多元的学习环境中,充分交流、相互启发。只有给学生深入参与课堂、个性展现自我、主动探究和思考的机会,方能打开学生的心灵与智慧之门,增强学生的问题意识和创新能力,成就学生做课程的"CEO"。

(撰稿者:上海市嘉定区德富路小学　岳建婷)

后 记

本书是上海市嘉定区重点科研课题——"基于全人教育视域下小学教师专业发展共同体建设的行动研究"之终期成果。

成书之际,掩卷反思,本课题研究给予我们三点启示:一是对"全人教育"内涵的深层理解,是探寻其与教师专业发展的联结点。虽然"全人教育"近年来越来越受到重视,但学校对于教师专业发展共同体要回归育人的初衷,要体现培育"完整人"的概念,可能处于相对游离状态,学校太偏重共同体的知识和技能的培养,忽略对教师人格、心理、情感等综合素养的培育。二是"全人教育"理念是探索教师专业发展的一种新视角。课题组认为对教师专业发展共同体的研究有新的研究价值和新的方向。唯有自觉进行组织重建,教育才能焕发更强劲的生命力。而建构基于"全人教育"理念的教师角色,必须让教师先成为一个"功能完善者",因为有完整生命成长的教师才能培养出具备健全人格的下一代学子。我们必须摒弃"重知识技能"的业务培训,以不同的专业共同体培养方式实践"全人"的教师培养,教师的伟大在于精神富足。三是基于"全人教育"理念,构建发展共同体的新思路。教师专业发展共同体是教师以自身专业素养的发展为价值取向,在和谐的校内外环境中,通过学习、研究、实践、反思等实现团体价值追求,在共同的文化内涵中形成的团结、和谐、发展的人际关系。在"全人教育"视域下建构专业发展共同体,营造一种合作、对话、交流、互动、反省和慎思的共同体模式。课题组通过文献梳理和前期课题思路研讨,力求在本项课题研究中建构"全人"视角的教师专业发展共同体,以达成对教师思维、知识、精神、人文、发展、追求等6个维度的全面突围,激活专业成长的持久活力,让教师的精神富足。

本书是课题组集体智慧的结晶,感谢课题组专家和成员的真情投入和倾情付出。特此感谢课题组范薇薇、张洁、王丽丽、赵晓磊、朱思敏、李丽莎、顾敏、王璐、张秋霞、葛莹、徐靖宜、潘艳等成员及多位教师的倾力合作。

在梳理成果的过程中,课题组也提出了诸多需要进一步思考的问题。第一,识变,不断冲刺"未来教育观",让课题研究成果与时俱进。学校应始终把教师的发展放在更大的空间去审视持续发展的价值,那就要一直叩问教育的价值何在。我们要始终站在制高点来深刻洞察时代之变、教育之变、教师之变和学生之变。新时代需要我们拥抱教育每一天的变化,因此,课题研究所至只是微薄之见,需要我们从课题研究再回到教育现场,打开边界,接受教育理念的不断迭代更新。第二,思变,撬动教师专业成长的发力点,让课题研究成果落地有声。学校坚持让专业发展共同体成为全体教师发展的发力点,催生教师形成新思想、新知识、新素养和新品质,但关键是教师本身要有思变的内驱力。如果这样的发展是被动的,那么缺乏内驱力的教师专业发展永远会落后于教育发展的日新月异。因此,如何在课题研究之后形成可持续成长的内驱动力系统,打通教师成长的"能力系统"和"实践系统"?我们坚信要建立教师专业发展的评估机制、激励机制及评价机制,而这些机制的有效运行依然是学校治理结构中最难啃的骨头。虽然本课题中已初步建立评价标准和评价系统,但是这个评价标准和评价系统需要成为"动态系统"。只有随着教育观念之变而变,才能产生有效评价和激励教师教育行为的动力。如何通过评价铸就教师的未来,这是学校管理中的难题,也是一个真命题,因此,内驱力和外驱力并驾齐驱的"双向制动"是需要持续研究的永久性课题。第三,应变,建设数字时代教师专业发展的新境界,让课题研究实现"无界"。通过本课题研究,我们探寻的共同体建构的模式和路径,是在反复实践后得出的一种学习方式。从边界、业界、学界到世界,承认无知、喜欢未知、反思有知、实践创知的学习方式,都是边建边构,边实践边总结,边提问边解决问题。随着网络世界零距离走向我们,也许今天建构的所有学习方式都会受到历史性"颠覆"。因为今后的学习共同体面对的可能不再是人,而是域,或是模块,或是指令。可能我们要从这个"世界"跨越到"视界",走进异域多域融合,实现全域视界下的教师发展新视野,建设一个未来世界的教师发展新境界。因此,我们要努力乘上时代的快车,让教育的生命永远"保鲜",真正实现教育"无界",回应"全人教育"的深邃内涵与时代意义。

教师的伟大就在于精神富足,本课题研究对教师专业成长的意义是毋庸置疑的。因眼界所限,本书缺憾难免,敬请诸位批评指正!

上海市嘉定区德富路小学校长　张彩萍

2024 年 8 月 20 日

"品质课程"阅读书目

学校整体课程规划 18 问
学校整体课程规划的七个关键
学校整体课程规划

📖 课程治理现代化丛书

阳光阅读的校本设计与特色创建
CIM 课程:创客教育的要素设计与实践探索
高品质学校课程体系
个性化学校课程体系
家校共育的 20 个实践模式
进阶式生涯教育
跨学科学习创意设计
美术特色课程设计与实施
体育,让儿童嗨起来:悦动体育课程的设计与实施
小剧场学校:激活戏剧课程的育人价值
小课题探究:激活学习方式
小切口课程设计:劳动教育的创意实施

📖 新质课程文化丛书

实践性学习的七重逻辑
面向每一个生命的课程
多模态学科实践
大规模因材施教的课程模式
为未来而学:未来课程的校本建构与深度实施
面向每一个学习者的课程设计
可感的学习经历:习性教育课程体系探索
单元课程要素统整与深度实施
具身学习与课程育人
把学生放在心上:学校课程变革之道

📖 课程治理新范式丛书

以学生为中心的教育治理
实践型学科课程设计与实施
共享式课程治理:集团化办学的课程治理方略
高具身性课程实施:路径、策略与方法

📖 特色学校聚焦丛书

让个性自然发荣滋长:"引发教育"的理论寻源与实践探索

面向每一个生命的教育
让每一个生命澄澈明亮:"小水滴"课程的旨趣与创意
新劳动教育:时代意蕴与实践创新
自信教育与个性生长
好学校的精神特质
教育,让个性舒展:"有氧教育"的模样与姿态
唤醒教育:触发生命的感动
生命的颜色与教育的意蕴
人格教育的四个关键点
做精神澄澈的教师

特色课程建设丛书

幼儿园特色课程的框架与实施
课程是鲜活的 :"大视野课程"的旨趣与活性
指向核心素养培育的学校课程图谱
让儿童生活在美的世界里:幼儿园全景美育的课程探索
核心素养与学习需求:学校课程建设导引
儿童自然探索课程
幼儿园视觉艺术创意活动设计与实施
连续性课程:特色课程发展的实践探索

课堂教学新样态丛书

课堂,与美最近的距离:基于学科核心素养的课堂教学变革
协同教学:意蕴与智慧
决胜课堂 28 招
一百个孩子,一百个世界:基于差异的教学变革
课堂如诗:"雅美课堂"的姿态
在教室里眺望世界:基于 BYOD 的教学方式变革
课堂教学的资源设计与方式变革
境脉教学的实践范式与创意设计
任务驱动与学科实践
课堂教学的智慧属性与意义增值:"灵动课堂"的六个关键词
如溪语文:诗意流淌的语文教育

"一校一策"课程体系建设丛书

课程坐标及其应用:教师专业视角
"一校一策"课程规划
"一校一策"课程实施